日本比較法研究所翻訳叢書
52

カーデルバッハ教授講演集

国際法・ヨーロッパ公法の現状と課題

シュテファン・カーデルバッハ 著
山内惟介 編訳

**Verfassungsrecht jenseits des Nationalstaats:
Vier Vorträge zum Völker- und Europarecht**

**Von
Stefan Kadelbach**

中央大学出版部

装幀　道吉　剛

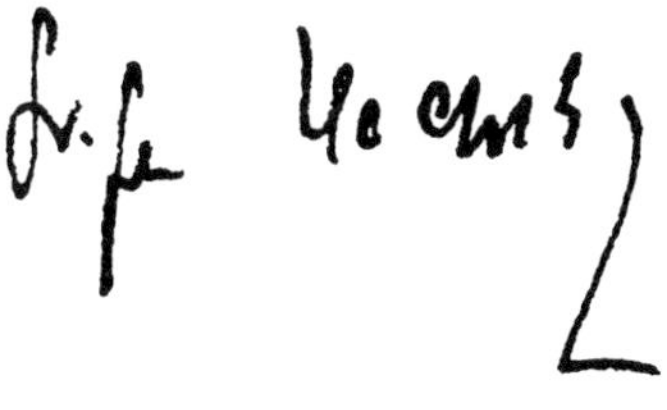

原著者序文

本書のもととなった四本の原稿は、いずれも、わたくしが二〇〇四年九月に中央大学において行なった講演および特別講義のために用意したものである。わたくしがここで取り上げたテーマは国際法全般にわたるものであるが、同時に、ヨーロッパ連合法上のいろいろな局面に関わるものでもある。これらの原稿で取り扱われている主題に共通するのは、一方において国家の活動が国際化し、他方において諸国の経済が地域的に統合されると同時にグローバル化している事態を考慮するとき、個別国家が有し、また協同作業を要する国際組織がそれぞれに有しているさまざまな可能性を一体どのようにして相互に限界付けるべきかという問題である。最初の三本の原稿で取り上げている問題は、現在、ヨーロッパ統合の過程で提起されているものであるが、これらはヨーロッパ以外の地域でなされる経済活動にとっても大切な問題である。最後の原稿で取り扱われているのは、グローバルな規模で考えるとき、何を法とするかという問題であり、「法化（Verrechtlichung）」と呼ばれる現象に関わる。

本書が成るに当たって、わたくしは、中央大学および日本比較法研究所に対してわたくしを客員教授として受け入れて下さったことにつき、また中央大学国際関係法研究会に対して活発な討議を通じて示されたその御好意についてそれぞれ謝意を表したい。そして山内惟介教授に対しては、わたくしの滞日中、学問的な対話、日本の社会と文化の紹介、講演原稿の翻訳や通訳等、さまざまなかたちで示された深い友情に対し、篤く御礼申し上げたい。

二〇〇四年一〇月　ヴェストファーレン州ミュンスターにて

シュテファン・カーデルバッハ

編訳者まえがき

ここに訳出したのは、二〇〇四年九月二日から一〇月一日まで中央大学客員教授として来日されたドイツ連邦共和国ノルトライン・ヴェストファーレン州ミュンスター市在、ヴェストフェーリッシェ・ヴィルヘルム大学（通称、ミュンスター大学）のシュテファン・カーデルバッハ教授が本学において行なわれた講演および特別講義である。講演等のために用意された原稿は、講義の際に行なわれた質疑等を考慮して、すべて帰国後に全面的に補筆されている。本書に収録した四篇のうち、第一論文「ニース条約以降のヨーロッパ裁判所制度」は中央大学法学部国際企業関係法学科三年次開講科目「国際取引法」（山内担当、九月二三日（木曜日）三時限）の時間帯に、第二論文「ヨーロッパ連合市民権」は同国際企業関係法学科一年次開講科目「比較法文化論」（山内担当、九月二三日（木曜日）一時限）の時間帯に、第三論文「ヨーロッパ憲法条約以降の共通外交政策」は同法律学科三年次開講科目「国際法」（西海真樹教授担当、九月二二日（水曜日）三時限）の時間帯にそれぞれ行なわれたものである。また、第四論文「グローバル化の時代における国際法上の倫理」は九月二二日夕方に開催された日本比較法研究所および中央大学国際関係法研究会の共催による講演会で披露されたものである。

原著者、カーデルバッハ教授は、一九五九年八月六日、フランクフルト・アム・マインに生まれた。一九七九年から一九八四年までヨハン・ヴォルフガンク・ゲーテ大学（通称、フランクフルト・アム・マイン大学、以下、フランクフルト大学と略記）で法律学を学び、一九八四年七月第一次司法国家試験に、また一九八八年九月第二次司法国家試験に合格された後、一九八九年から一九九六年までフランクフルト大学法学部公法研究所（Institut für öffentliches Recht）の研究員に任じられた。当初、外交官を志望されたカーデルバッハ教授は、一九八七年から一九八八年にかけて行なわれたヴァージニア大学への留学を契機に学究の道を志し、フランクフルト大学のマンフレート・ツーレーク教授（公法講座（国際法・ヨーロッパ法を含む）担当、ジャン・モネ記念ヨーロッパ法講座教授（Jean-Monnet-Professor für Europarecht）、元ヨーロッパ裁判所裁判官）の指導下に国際法および公法を専攻された。同教授は、国際法の強行規範性を論じた研究（Zwingendes Völkerrecht, Berlin 1992）により一九九一年に法学博士号を取得し、また一九九六年に公法の領域でのヨーロッパ共通法を探求した研究（Allgemeines Verwaltungsrecht unter europäischem Einfluß, Tübingen 1999）により公法、国際法およびヨーロッパ法についての大学教授資格を取得されている。カーデルバッハ教授は、一九九七年冬学期にミュンスター大学正教授に招聘され、今日に至っているが、この間、アメリカ合衆国のヴァージニア大学、フィレンツェのヨーロッパ大学（European University Institute）およびモスクヴァの国家と法研究所（Institut für Staat und Recht）等においても客員教授として講義をされている。なお、読者の便宜を考慮し、末尾に、カーデルバッハ教授の著作目録を付した。

ミュンスター大学と中央大学との間で隔年を単位に実施されている法学者の交流は本年ですでに二〇年を経過し、年毎に着実な成果を挙げつつある（この間にミュンスター大学から迎えた客員教授による講演等の記録は日本比較法研究所翻訳叢書として刊行されている。B・グロスフェルト教授他著（山内訳）『国際企業法の諸相』（一九九〇年）、H・U・エーリヒゼン教授著（中西又三教授編訳）『西ドイツにおける自治団体』（一九九一年）、オトー・ザンドロック教授著（丸山秀平教授編訳）『国際契約法の諸問題』（一九九六年）、ハインリッヒ・デルナー教授著（野沢紀雅教授および山内編訳）『ドイツ民法・国際私法論集』（二〇〇三年）など参照。また、ミュンスター大学との交流の経緯については、山内「中央大学・ミュンスター大学間における法学者交流の経緯について」中央評論（中央大学）一九〇号（一九八九年）一一八頁以下参照）。これらの成果と同様に、本書の刊行がここで取り上げられた主題に関心を抱くわが国の関係者にとって有益な問題提起となれば、何よりの幸いといわなければならない。多忙な時間を割いて特に本学の招きに応じられ、本学とミュンスター大学との交流に尽力されたカーデルバッハ教授の御厚情に対し、同教授招聘計画に関わった者としてここに改めて謝意を表するとともに、本書の刊行に当たって御助力を得た中央大学出版部の小川砂織氏に対してもここに特記して謝意を表することとしたい。

二〇〇五年二月二五日

山内惟介

追記　カーデルバッハ教授は二〇〇五年夏学期から母校であるフランクフルト大学教授に就任された。最新の情報については、http://www.jura.uni-frankfurt.de/ifoer1/kadelbach/ を参照されたい。

カーデルバッハ教授講演集

国際法・ヨーロッパ公法の現状と課題——目次

ニース条約以降のヨーロッパ裁判所制度

Das gemeinschaftliche Gerichtssystem nach dem Vertrag von Nizza

目　次

第一章　ヨーロッパ連合における権利保護制度の基本原理

ヨーロッパ法として定められた内容を実現することは、第一次的に、加盟国国内裁判所が所管する事項である。それゆえ、ヨーロッパ共同体条約上の諸規定、ヨーロッパ法として出される諸規則、そして、指令の置き換えという形式で調整された加盟国の国内法、これらはいずれも各加盟国の国内手続規定に従って実施されることとなる。とはいえ、ヨーロッパ法上のある規範の解釈が不明確である場合や当該規範の有効性について疑問がある場合、加盟国の国内裁判所はその手続を中断し、先行裁判を求めるためにそれぞれの疑問点をヨーロッパ裁判所に提示しなければならない（ヨーロッパ共同体条約第二三四条）。ドイツの裁判所がこうした条約上の義務に違反して何もしなかったり、また恣意的にこの種の提示を行なったりしているときは、ドイツの国内法上、そのことが上告理由となり、連邦憲法裁判所での憲法訴願においても争うことができる。というのは、憲法上保障された、裁判を受ける権利（ドイツ基本法第一〇一条第一項）が侵害されているからである。

これに対して、ヨーロッパ連合内での「法の維持」を責務とする（ヨーロッパ共同体条約第二二〇条）ヨーロッパの裁判所は、ヨーロッパ共同体の諸機関が直接に参加している法律関係を対象とする手続についてしか管轄権を持たない。その内容は以下に掲げるとおりである——

・ヨーロッパ共同体の機関相互間での争訟（ヨーロッパ共同体条約第二三〇条、第二三二条）、
・ヨーロッパ共同体とその加盟国との間での争訟

○ヨーロッパ共同体が行なった法的行為の取消またはヨーロッパ共同体が義務に違反してなした不作為を理由とする争訟（ヨーロッパ共同体条約第二三〇条、第二三二条）、または、

○加盟国の条約違反を理由とする争訟（ヨーロッパ共同体条約第二二六条）、

・私人または企業による訴えであって、以下のものに関する争訟

○ヨーロッパ共同体機関の判断を対象とするもの（ヨーロッパ共同体条約第二三〇条）、

○ヨーロッパ共同体機関が義務に違反してなした不作為（ヨーロッパ共同体条約第二三二条）、または、

○ヨーロッパ共同体の義務違反を理由として求める補償請求

一九八八年以降、ルクセンブルクのヨーロッパ裁判所（Europäischer Gerichtshof (EuGH)）とは別にヨーロッパ第一審裁判所（Europäisches Gericht erster Instanz (EuG)）が設けられた。このヨーロッパ第一審裁判所は、私人または法人による訴えにつき第一審として管轄権を有する機関である。

以上の説明から分かるように、ヨーロッパ規模での裁判所制度の中心となるのは、ヨーロッパ共同体自体が種々の法律関係に参加している場合だということになろう。これに対して、これ以外の場面でヨーロッパ法の適用が加盟国の国内裁判所に委ねられている場合、ヨーロッパの権利保護制度は中心的なテーマにはならない。

ヨーロッパにおけるこうした裁判所制度の改革が求められてから、すでに久しい。以前は、原告として私人が法規違反を理由に訴えている場合にヨーロッパ裁判所が私人の権利を保護していないことが主として批判されていた。他方で、かなり前から、ヨーロッパ裁判所の職務負担がますます大きくなり続けていることを考慮し、ヨーロッパの裁判所の組織を再編成するようにという提案がなされていた。再編成という方向でのひとつのやり方は、ヨーロッパの裁判所を複線化することであった。

第二章　改革の必要性

二〇〇三年に発効したニース条約にはヨーロッパ共同体の裁判所制度に関する一連の新しい規定が盛り込まれていた。改革の視点は、裁判所制度を根底から新たに編成し直す必要はなく、増え続けるヨーロッパ裁判所の職務負担をどのようにして改善するかという事情に求められた。

一九七〇年代の終わりから、ヨーロッパ裁判所に係属する件数はずっと増え続けている。一九八九年にヨーロッパ第一審裁判所が創設されたが、その後もヨーロッパ裁判所の負担は依然として軽減されておらず、むしろ、訴訟が遅延する事態が続いている。一九九〇年代をみると、ヨーロッパ裁判所に新たに係属した年間件数は当初三八四件（一九九〇年）であったものがその後は三分の一以上も増えて五四三件（一九九九年）となり、ヨーロッパ第一審裁判所では同じ期間に五九件から三五六件へと増加していた。[1] 係属事件数が増えた特別の理由としては、ヨーロッパ域内市場創設との関連でヨーロッパ共同体が集中的に立法活動を行なったことや、ヨーロッパ共同体およびヨーロッパ連合が一九八六年と一九九五年の二度にわたり拡大されたことが挙げられよう。[2] その結果、ヨーロッパ裁判所での手続期間はかなり長期化することとなった。直接訴訟についてみると、一九九〇年から二〇〇〇年までの期間における平均的手続期間は二四・九か月から二三・九か月へとやや低下したが、それでもほぼ二年はかかっていた。先行裁判は今では手続全体のほぼ六〇パーセントを占めているが、その平均的な手続期間は一七・四か月から二一・六か月へと長期化している。ヨーロッパ第一審裁判所では、二〇〇〇年の数値であるが、裁判手続は平均して二七・五か月もかかっている。

ヨーロッパ裁判所制度の改革を推進した第二の理由として、一九九九年のアムステルダム条約によりヨーロッパ裁判所に新しい権限が付与された点が挙げられよう。これに含まれるのは、査証・難民・移民政策に関わる管轄権（ヨーロッパ共同体条約第六八条第一項）とヨーロッパ連合条約第三五条所定の刑事事件における警察・司法の協力に関する裁量条項である。[3] さらに、知的財産権の分野で、新たに導入された共同体商標および共同体意匠（共同体法上の植物品種保護）に基づいて提起される新しい手続が予定されている。この手続については、ヨーロッパ理事会がヨーロッパ裁判所の管轄権を創設することができる（ヨーロッパ共同体条約第二二九a条）。

現行規定が不十分だとみなされる第三の要因として、ヨーロッパ連合が東方に向かって拡大されているという事情が挙げられよう。拡大の結果、むろん一種の予測にしかすぎないが、裁判所に係属する件数がさらに増加する事態への配慮が求められている。ニース会議が開かれる前からすでに、東方への拡大の結果、ヨーロッパ第一審裁判所およびヨーロッパ裁判所の裁判官の人数を増やすことが期待されていた。しかしながら、裁判官が確実に増員される保障はないし、また増員によって最終的に裁判所の負担の増大を埋め合わせることができるかどうかという点もはっきりしていない。

こうした状況を考慮してニース会議で採択された改革案では、結局、三審制のヨーロッパ裁判所制度が考えられることとなった。そのための交渉が始められる前に、ヨーロッパ裁判所の意見が公表され、また、これに反対するグループの意見も公表された。これらの意見では、限定的であるが、新しい組織を設けることが考えられていた。[4]

（1） *EuGH*, Reflexionspapier „Zukunft des Gerichtssystems der Europäischen Union" v. 28. 5. 1999, Tätigkeiten 1999 Nr. 17, ここ

での引用はEuGRZ 2000, 101 (109) による；参照されるものとしてはまた、*H. Schepel/E. Blankenburg*, Mobilizing the European Court of Justice, in：*G. De Búrca/J.J.H. Weiler* (Hg.), The European Court of Justice, 2001, 9 (12 ff.) がある。

（2） 一九八〇年代における発展について参照されるのは、*U. Everling*, Stand und Zukunftsperspektiven der Europäischen Gerichtsbarkeit, FS Arved Deringer, 1993, 40 (42 f.)；さらに、*ders.*, Zur Fortbildung der Gerichtsbarkeit der Europäischen Gemeinschaften durch den Vertrag von Nizza, FS Helmut Steinberger, 2002, 1103 (1108 ff.) である。

（3） ヨーロッパ連合条約第三五条第二項による宣言をこれまでに行なった国をアルファベット順に挙げると、ベルギー、ドイツ、フィンランド、フランス、ギリシア、イタリア、ルクセンブルク、オランダ、オーストリア、ポルトガル、スウェーデン、そしてスペインとなる。ABl. C 340/308, 1999 C 120/24；もちろん、これまでのところ、ヨーロッパ連合条約第三五条に基づく裁判は一件しかない。参照されるのは、ヨーロッパ裁判所、Rs. C-187/01 および 385-01, Slg. 2003, I-1345 – Götütok und Brügge である。

（4） *O. Due/Y. Gakmot/J.L. da Cruz Vilaça/U. Everling/A. Pappalardo/R. S. de Lapuerta/Slynn of Hadley*, Bericht der Reflexionsgruppe über die Zukunft des Gerichtssystems der Europäischen Gemeinschaften v. 19. 1. 2001（いわゆる Due-Report), abgdr. EuGRZ 2001, 523；EuGH 前注（1）), Reflexionspapier.

第三章　種々の改革案とニース条約

第一節　端　緒

司法の分野は、本質的に、ニース会議がみずからに託された期待に応えることのできる数少ない分野のひとつである。ニース会議は、ヨーロッパ裁判所、これに反対するグループ、学術文献、これらによってそれぞれに提案されていたさまざまな改革案と取り組む中で、次のような結論に到達した。
まず留意すべき点であるが、上告手続では、個人に対する権利保護の改善がまったく考えられていない。特に、個人が訴えを提起できる範囲は少しも拡張されていない。改善されたのはヨーロッパ議会の手続上の地位だけである。それも、改善されたという趣旨は、ヨーロッパ議会に対して無効の訴えに関する特別の原告適格が認められたからであり、したがって、これまでと異なり、ヨーロッパ議会は自己の権利に対する侵害を主張しなくてもよくなったからだというにすぎない（ヨーロッパ共同体条約第二三〇条第二項目）。

裁判所の職務負担を考慮したどの改革案もすべてその出発点を異にしていた。どの提案でも、裁判所の構成、手続の種類、そして手続の過程、これら三者が取り上げられていた。そうした改革案の一部は、この間に、第一次法の中で行なわれている。大部分の改革は、ヨーロッパ裁判所とヨーロッパ第一審裁判所という二つの裁判所の設置規則と手続規則に定められている。その結果、ここでの問題を考えようとすると、いつでもこれらの規則の全体を同時に参照しなければならない。というのは、解決基準としての第一次法は弾力的に表現されているからであり、また第一次法はヨーロッパ連合条約第四八条に定められた条約改定手続に服していないからである。この結果、改革手段としての第一次法の重要性は、ニース条約によって著しく高まった。

ヨーロッパ裁判所がその設置規則の中で実現しようとした自治の拡大は確かにまだ達成されていない。というのは、最終的な決定権は、ヨーロッパ裁判所の提案権、ヨーロッパ議会および委員会の聴聞権とともに、ヨーロッパ理事会の権限のもとに置かれたままだからである（ヨーロッパ共同体条約第二四五条）。それでも、今後についていえばヨーロッパ裁判所の権限を変更することはさほど難しいことではないと思われる。というのは、このような方法で変更できるのはこれまでは裁判所手続だけであった（設置規則第三編）が、これからはヨーロッパ理事会が、設置規則第一部所定の例外（ヨーロッパ裁判所の裁判官および法務官）を含め、すべての行動権限について関わることとなるはずだからである。それでも、設置規則のこの部分は、引き続き、条約改定手続（ヨーロッパ共同体条約第四八条）に服している。また、手続規則を変更する方法も簡略化されている。それは、理事会がその変更をもはや全会一致ではなく特別多数で承認しなければならないとされているからである（参照されるのは、ヨーロッパ共同体条約第二二三条第六項目との関連における旧形式の第二四五条第三項目である）。

第二節　裁判所の組織

一　ヨーロッパ裁判所

ヨーロッパ裁判制度についての今回の改革では、新しい制度の創設や専門分野ごとの複線型裁判所制度の創設は放棄され、ルクセンブルクに集中して設置されているヨーロッパの現行裁判所制度の再編成だけに限定されている。

1　東方への拡大という切迫した状況に伴ってまず提起されているのが、ヨーロッパ裁判所の規模は果たして適切であるか否かという問題である。裁判官の人数を一五名のまま維持すべきである（旧形式のヨーロッパ共同体条約第二二一条）という点については多くの賛成がある。敢えて注意を喚起することになろうが、裁判官の増員は司法の一貫性を危うくする可能性がある。というのは、希望されている通りにヨーロッパ裁判所内部における法廷数を増やせば、法廷間で判断の分裂が生じる恐れがあるからである。(5) それでも、ニース条約は、当然の理由からではあるが、加盟国ごとに一名ずつ裁判官を任命する方法を維持することに賛成している。また、裁判官の任命手続もその六年任期制も、新たな規定には十分な論拠があるのに、依然として維持されている（ヨーロッパ共同体条約第二二三条第一項）(6)。

2　これに対して、ヨーロッパ裁判所の内部組織は再編成されることとなった。というのは、全員参加形式の会議をそのような形式とそうでない形式とに分けないとすれば、裁判官の人数が今後は二五人となるところから、全員参加という形式を必要とする判断の数の削減を避けることはできないからである。それゆえ、ヨーロッパ裁判所の合議は全員参加形式とするという原則（旧形式のヨーロッパ共同体条約第二二一条第二文）は廃止され、細目は設置規則に委ねられることとなった。その結果、全員参加形式の裁判は稀な例外となった（ヨーロッパ共同体条約第二二一条第三項目）。すなわち、全員参加形式の裁判が必要なのは以下の場合だけである（設置規則第一六条）。

・オンブズマンに委嘱された一般市民（ヨーロッパ共同体条約第一九五条第二項）、ヨーロッパ委員会委員（ヨーロッパ共同体条約第二一三条第二項、第二一六条）または会計検査官（ヨーロッパ共同体条約第二四七条第七項）の解職のとき、

および、

・事件に特別の重要性があり、法務官による聴聞後にヨーロッパ裁判所が当該事件を全員参加形式の会議体に送付しているとき。

事件を専門分野ごとに細かく分けて審理しようとすれば、分野ごとに専門家からなる法廷を設けなければ不可能である。このことは、ニース条約以前に施行されていた法に基づいてすでに実施されていた。というのは、ヨーロッパ裁判所長官は、その分け方につき全員参加形式で決定する諸基準に基づいて決めることができたからである（手続規則第九条第一項、ヨーロッパ裁判所設置規則第一六条）。

今日では、ヨーロッパ共同体条約第二二一条が個々の法廷および大法廷をどのように形成すべきかについて定めている。ひとつの法廷を構成する裁判官の人数は三名または五名である（同設置規則第一六条）が、大法廷の場合は七名に増員されている。これに対して、二〇〇四年五月一日以降、大法廷は一三名から構成されることとなる。(7)この一三

名の中には、ヨーロッパ裁判所長官と五人から成る六つの法廷の各裁判長六名、計七名が含まれなければならない。憲法条約草案は、これまでに引き続き、法廷、大法廷および全員参加の合議という三つの形式区分を定めている（憲法条約草案第三編第二五四条）。

二　ヨーロッパ第一審裁判所

ヨーロッパ第一審裁判所の存在意義はニース条約では従来よりも一段と高められている。ヨーロッパ第一審裁判所はもはやヨーロッパ裁判所に「附属」した機関ではなく（旧形式のヨーロッパ共同体条約第二二五条第一項第一文）、ヨーロッパ裁判所と並列の、独立した存在である（ヨーロッパ共同体条約第二二〇条、「ヨーロッパ裁判所とヨーロッパ第一審裁判所は……法の維持を確保する」）。ヨーロッパ第一審裁判所はもはや（これまでの旧形式のヨーロッパ共同体条約第二二五条第一項および第二項によるのと同様に）特定の手続について管轄権を有するだけでなく、設置規則第五一条を留保しつつも、原則としてヨーロッパ共同体条約第二二五条第一項所定のすべての直接訴訟について管轄権を有する。この結果、ヨーロッパ第一審裁判所は、実体的基準に準拠した原則管轄権を持つことが可能となった。裁判官の任命や長官の選任に関する諸規定も、今後は、第一次法に移し換えられている（ヨーロッパ共同体条約第二二四条）。とはいえ、ヨーロッパ裁判所とヨーロッパ第一審裁判所は組織法的には引き続いて一体を成しており、両者を包含する共通名称として大文字で「GERICHTSHOF」と表示されている（ヨーロッパ共同体条約第七条）。

ヨーロッパ第一審裁判所は「各加盟国につき少なくとも一名」の裁判官を構成員とする（ヨーロッパ共同体条約第二二四条第一項）。この人数は、ヨーロッパ連合への加盟国が増えれば、さらに増える可能性がある。しかしながら、これまでのところでは、その可能性は利用されていない（参照されるのは、設置規則第四八条である。そこでは二五名とされている)。裁判官の在任期間や裁判所の内部組織である法廷に関する諸規定は、ヨーロッパ裁判所に適用されるさまざまなルールにほぼ準じている。

三　法　廷

ヨーロッパ理事会の全会一致の決議があれば、ヨーロッパ第一審裁判所に法廷を付設することができる(ヨーロッパ共同体条約第二二〇条第二項、第二二五a条)。法廷は裁判を行なう上ではひとつの独立した単位であり、それゆえ、ヨーロッパ第一審裁判所の一部局ではない。法廷の管轄権は「特別の専門領域における……一定のカテゴリーに属する訴え」(ヨーロッパ共同体条約第二二五a条第一項)について認められている。ニース会議の最終文書に対する宣言第一六号では、ヨーロッパ裁判所とヨーロッパ委員会で構想されていた法廷の管轄権の例として、職員訴訟が挙げられている。[8] 知的財産権の分野における新しい手続も法廷に委ねられる可能性がある(参照されるのは、ヨーロッパ共同体条約第二二九a条である[9])。

ルクセンブルクはニース条約についての議定書宣言を行なっている。この宣言によれば、ヨーロッパ域内市場の調和作業を担当する部局の抗告事件を受理した法廷が本案の裁判を行なう法廷へと再編成される場合、当該法廷はその所在地をスペインのアリカンテに持つものとされている。これが実現されれば、多くの者が求めるように、ヨーロッパでも専門分野ごとの複線型裁判制度へ向けた第一歩が踏み出されることになろう。[10] 憲法条約草案はこうしたモデルが採用されることを確認している(憲法条約草案第三編第二六四条)。

法廷の設置により、審級間で新たにどのような秩序付けを行なうべきかという問題も生じている。法廷が行なう裁判に対してはヨーロッパ第一審裁判所への上訴が認められている(ヨーロッパ共同体条約第二二五条第二項、第二二五a

条第三項目）。それ以上のことは何も規定されていないが、上訴の対象は法律問題に限られることとなろう。法廷の設置に関する決定に対しては、実質的な理由から、権利保護のために上訴できるようになっている（ヨーロッパ共同体条約第二二五a条第三項目）。

例外的事案では、上訴に関してヨーロッパ第一審裁判所が行なう裁判に対して、再度、ヨーロッパ裁判所に上訴することができるとされている。特に「共同体法の統一性や一貫性に関わる重大な危険がある」ときがこれに当たる（ヨーロッパ共同体条約第二二五条第二項第二項目）。

第三節　手続の種類

一　先行裁判

提示手続は、法適用における統一性を確保し、ヨーロッパ裁判所と加盟国裁判所との有機的一体性を確保するために必要だという意味で大変重要な制度である。それゆえ、提示手続を維持することについては疑問の余地がない。加盟諸国の国内裁判所からの提示はこれまで寛大に認められてきており、提示件数が全体の六〇パーセントに達するほど負担が著しいにも拘わらず、そうした国内裁判所からの提示を制限することはまったく問題になっていない。[11]

このほかに考えられるのは、組織的にはアメリカ合衆国の連邦地方裁判所（U.S. District Court）に似ているが、提示決定がヨーロッパ裁判所に出される前に、当該提示決定自体に法的な問題があるか否かを判断する下位の裁判所を加盟諸国内に設けることであろう。[12] しかし、この考えも、アメリカのモデルがそうであるように、ヨーロッパ裁判所に対して一種の事前選択権を与える案と同様であるとして、あまり支持されていない。[13]

それでも、加盟諸国の国内裁判所の権限を強化することが考えられなければならないであろう。ヨーロッパ裁判所の判例には、提示された問題が重要であるか否か、提示された点に疑問があるか否かという点について、ヨーロッパ裁判所こそが特に共同体法の解釈に基づいて誠実に審理すべきであるとする強い主張がみられる。(14) こうした主張の内容を実現するためには、関係する裁判所間での対話を実現するような改善が行なわれるべきであろう。ヨーロッパ裁判所手続規則第一〇四条第五項も、加盟諸国の国内裁判所が問題の解明を求めて提示する範囲を広げることができるように、ヨーロッパ裁判所も考えるべきであるという方向に一層進んでいる。

ニース条約では、このほか、提示決定の可否を事前に判断する権限がヨーロッパ第一審裁判所に認められている。これを認めていなかった旧形式のヨーロッパ共同体条約第二二五条第一項第二文は削除された。ヨーロッパ共同体条約第二二五条第三項は、これに代えて明示的に、設置規則で定められた特別の法分野につきヨーロッパ第一審裁判所の管轄権を認めている。ニース条約に付された宣言第一二号は、ヨーロッパ裁判所とヨーロッパ委員会に対して、ヨーロッパ第一審裁判所でも提示決定に関する裁判ができるよう、ヨーロッパ裁判所と第一審裁判所の間で管轄権の分配につき新たな規定案をできるだけ迅速に作成し提出するよう促している。(15) けれども、このことはまだ行なわれていない。

ヨーロッパ第一審裁判所が行なうこの種の提示決定に対する裁判は、共同体法の一体性や判例の一貫性に重大な危険があるときは、ヨーロッパ裁判所により再審査されなければならない（ヨーロッパ共同体条約第二二五条第三項）。この再審査はヨーロッパ第一審裁判所に所属する法務官の提案に基づいて開始される（設置規則第六二条）。

むろん、手続期間の短縮を実現するという目標からみると、今回の改革でどこまで効果を挙げることができるかという点ではあまり期待できないであろう。法政策的にみると、法適用の統一性が失われる危険と権利保護を迅速に進める利益とを比較検討することが必要である。ニース条約は確かにこのことを考慮している。ヨーロッパ法上の原則に関する裁判が必要な事件だと考えて、事件をヨーロッパ裁判所に送致することによって、ヨーロッパ第一審裁判所はみずからの手続を短縮することができる。また、提示決定についての先行裁判手続を再審査するための許容条件も狭く限定されている。ニース条約追加宣言によれば、ヨーロッパ裁判所はこれら「例外事案」では迅速な手続のもとに裁判すべきものとされている[16]。ヨーロッパ裁判所が作成した設置規則変更案には、再審査手続の過程が定められている。再審査は手続を引き延ばす効果を持っているが、手続の本質は白か黒かの決着をつけることであって、その中間はない。ヨーロッパ裁判所は、提示決定に関する管轄権をヨーロッパ第一審裁判所に移すようにという提案に対し、こうしたやり方で対処することができよう[17]。

二　直接訴訟

もうひとつの改革は、直接訴訟についてヨーロッパ裁判所の管轄権とヨーロッパ第一審裁判所のそれとの間でなされた原則管轄と例外管轄との調整に関するものである。従来、ヨーロッパ第一審裁判所は自然人および法人による訴えについてしか管轄権を持たなかったが、ニース条約によって、無効の訴え、不作為の訴え、補償請求の訴え、ならびに、職員訴訟および仲裁条項に基づく手続についての管轄権がヨーロッパ第一審裁判所に移された（ヨーロッパ共同体条約第二二五条第一項第一文）。ヨーロッパ裁判所のこの提案に反対するグループの案では、ヨーロッパ裁判所は重要事項、すなわち憲法上の事項についてのみ裁判すべきだとされている[18]。この点の細目は設置規則で定められることであろう。設置規則では、むろん、加盟国による訴え、共同体機関およびヨーロッパ中央銀行による訴えの管轄権がヨーロッパ裁判所に留保されている（設置規則第五一条）。特に直接訴訟についての管轄権の分配と関連するのが前述のニース条約に付された宣言第一二号である。設置規則の変更は少し前に発効したが、変更後の設置規則によれば、ヨーロッパ理事会の特定の法的行為を理由とする加盟国および共同体機関による訴えについてヨーロッパ第一審裁判所が管轄権を有するとされている[19]。このことがあてはまるのは、ヨーロッパ共同体条約第八八条第二項第三項目による補助金合意宣言、ヨーロッパ共同体条約第一三三条による通商政策上の保護措置、たとえばアンティ・ダンピング課税や実施のための法的行為である。これらの行為について、ヨーロッパ理事会は、ヨーロッパ共同体条約第二〇二条による留保を行ない、またコミトロジー手続と呼ばれる特別の制度の中でこの種の行為をふたたび実施している[20]。

管轄権配分の権限をヨーロッパ裁判所に対して一般的に認めるという考えは、それゆえ、当初のようなやり方ではもはや行なわれなくなっている。修正案では裁判所側の負担軽減の度合いが高くなっているが、それでも、規範統制という重要な手続はヨーロッパ裁判所に留保されている。しかしながら、新たに設けられたこうした解決策も、結局のところ、職務の分配という考えとさほど異なるものではない。

三　条約違反を理由とする手続

ヨーロッパ裁判所の意見に反対するグループは、条約違反を理由とする手続（これがヨーロッパ裁判所に係属する事件の三〇パーセントを占めている）につき、事案が比較的単純な場合には、ヨーロッパ石炭鉄鋼共同体設立条約第八八条が定めるとおり、ヨーロッパ委員会の単独管轄権のみを規定するように、求めていた[21]。この提案は、関係諸機関相互の間でのバランスを損なうところから、正当なことに、ニース条約では実施されていない。

第四節　手続の過程

いくつかの改革は手続をきちんと進める上で有効なものである。特に求められていたのは、比較的単純な事案では法務官の最終申立を放棄させること、もはや口頭弁論の実施を原則とはしないこと、翻訳費用を引き下げることなどであった[22]。

ニース条約はこれらの提案をひとつの点でしか受け入れていない（法務官の最終申立、ヨーロッパ共同体条約第二二二条第二項）。その他の部分では手続上さまざまな問題が関連するところから、それらをも考慮し、関連する条約の変更は行なわれていない。口頭弁論に関する諸規定は、この間に、第二次法により修正されている（ヨーロッパ裁判所手続規則第一〇四条第四項、ヨーロッパ第一審裁判所手続規則第五五条第二項）。特殊な事案では、訴訟促進手続が定められている（ヨーロッパ裁判所手続規則第一〇四ａ条、ヨーロッパ第一審裁判所手続規則第五五条第二項）。言語の問題はこれまで未解決であったが、それでも、さほど遠くないうちに再度議事日程に乗せられることが確実である[23]。

（5）参照されるのは、*EuGH*（前注（1））, Reflexionspapier, 105 f. である。

（6）職務の継続性と独立性に配慮して在任期間を一二年間とし、かつ、在任は一期のみで任期を延長しないという提案には依然として疑問の余地がある。このことをすでに指摘していたのが、*O. Riese*, Über den Rechtsschutz innerhalb der Europäischen Gemeinschaften, EuR 1966, 24 (49 f.) である。任命の手続については、*V. Epping*, Die demokratische Legitimation der Dritten Gewalt der Europäischen Gemeinschaften, Der Staat 1997, 349 ff.

（7）ヨーロッパ裁判所規則に関する議定書の第一六条および第一七条の変更のための二〇〇四年四月一九日のヨーロッパ理事会決議、ABl. L 132/1.

（8） ABl. 2001 C 80/1 (80).

（9） *B. W. Wegener*, Die Neuordnung der EU-Gerichtsbarkeit durch den Vertrag von Nizza, DVBl. 2001, 1258 (1261)；ニース条約についての宣言第一七号によれば、ヨーロッパ共同体条約第二二九a条によって「おそらく設定されるはずの大綱の選択」は先取りされていない、ABl. 2001 C 80/1 (80)。

（10） ABl. 2001 C 80/1 (87)；参照されるのは、*Wegener*（前注（9））, 1261 である。

（11） 制限を提案しているのは、たとえば、*V. Lipp*, Entwicklung und Zukunft der europäischen Gerichtsbarkeit, JZ 1997, 326 (331) である。

（12） この点について参照される既発表のものとして、*J. P. Jacqué/J. H. Weiler*, On the Road to European Union – A New Judicial Architekture, CML Rev 1990, 185 (192 ff.)；*G. Hirsch*, Dezentralisierung des Gerichtssystems der Europäischen Union ?, ZRP 2000, 57；このほかにも参照されるものとして、*W. Hakenberg*, Vorschläge zur Reform des Europäischen Gerichtssystems, ZeuP 2000, 860 (863 f.) がある。

（13） *P. Lindh*, Meeting the Challenge, in：*A. Dashwood/A. Johnston* (Hrsg.), The Future of the European Judicial System, 2001, 13 ff.；こうした提案を拒否しているのは、*R. Streinz/S. Leible*, Die Zukunft des Gerichtssystems der Europäischen Gemeinschaft – Reflexionen über Reflexionspapiere, EWS 2001, 1 (11) である。

（14） ヨーロッパ裁判所ヤコブス法務官の最終申立、Rs. C-338/95, Slg. 1997, I-6495, Rn. 18ff. – Wiener（本件提示のもとになった問題は、最初に提起されたわけではないが、寝巻きの関税率表上の分類に関するものである）。

（15） ABl. 2001 C 80/1 (79)：「特に直接訴訟に関しては」その他の手続は排除されていない。

（16） ヨーロッパ共同体設立条約第二二五条第三項についての宣言第一五号、ABl. 2001 C 80/1 (80)。

（17） ヨーロッパ共同体裁判所設置規則に関する議定書変更のためのヨーロッパ理事会決議草案（年月日記載なし）, http://www.curia.eu.int/de/instit/txtdocfr/autrestxts/62.htm (28. 6. 2004).

（18） Due-Report（前注（4））, 528.

（19） ヨーロッパ裁判所設置規則に関する議定書第五一条および第五四条の変更のための二〇〇四年四月二六日のヨーロッパ理事会決議、ABl. 2004, L 132/5.

（20） コミトロジーとは、ヨーロッパ理事会が行なう立法権限および法的行為実施権限をヨーロッパ理事会に委ねることをいう。ヨーロッパ理事会は委ねられた職務を実施するためにみずからのもとにコミテ（Comités）と呼ばれる種々の委員会を活用する。加盟諸国の代表者から構成されるこれらの委員会ではヨーロッパ委員会の代表者が議長を務める。これらの委員会で適用される種々の手続の基礎は、一九九九年六月二八日のヨーロッパ委員会に委ねられた権限の実施のための形式の決定についてのヨーロッパ理事会決議、ABl. L 184/23 である。

(21) Due-Report（前注（4））, 529; *C. O. Lenz*, Die Gerichtsbarkeit der Europäischen Gemeinschaft nach Nizza, EuGRZ 2001, 433 (440).

(22) Due-Report（前注（4））, 531 f.

(23) ヨーロッパ連合における言語の多様性が手続の効率性に犠牲を強いている考えに批判的なものとして、*I. Oernice/F. Mayer*, in: *E. Grabitz/M. Hilf*, Das Recht der Europäischen Union, Art. 220 EGV Rn. 92 (bearb. 2002)。

第四章　憲法条約概観

憲法協議会は、裁判所を担当する作業部会を設け、同部会の会合を何度も開いた。この部会に委任された事項の範囲は比較的狭いものであり、そこで取り上げられた五つの問題はどれも憲法協議会から提示されたものであった。以下の説明において、著者は、作業部会内部での議論には触れず、憲法条約草案の一部の規定のみを取り上げることとしたい。

ニース条約の変更は、これまでにも、いろいろな箇所で行なわれている。拡大したヨーロッパ連合に裁判所の組織を適応させる上で重要な要素は、次の二点である。そのひとつは、憲法条約草案がニース条約による制度を統合しようとしている点である（以下の第一節）。もうひとつは、憲法条約草案が個人の権利保護における欠落部分を埋めようと試みている点である（以下の第二節）。

第一節　組　織

ヨーロッパの裁判所は、今後は、従来からあるヨーロッパ上級裁判所（Europäischer Gerichtshof (EuGH)）、新設されるヨーロッパ裁判所（Europäisches Gericht）、それに専門別裁判所、これら三者から構成されることとなる（憲法条約草案第一編第二八条）。それと同時に、これらの裁判所については今後以下の表現が用いられることとなる。

・ヨーロッパ上級裁判所は「Europäischer Gerichtshof」と公式に表現される（これに伴い、旧来の表現「Gerichtshof der Europäischen Gemeinschaften」は廃止される）、

・これまでのヨーロッパ第一審裁判所はヨーロッパ裁判所「Europäisches Gericht」と表現される。そして、

・裁判所内の組織としての法廷は専門別裁判所（Fachgerichte）となる。

法廷は独立性を有する。この結果、裁判所は制度的にも三審制により構成されることとなる。裁判官の数と在職期間に変更はない。これからは、諮問委員会がその任命手続に参加する（憲法条約草案第三編第二六二条）。この諮問委員会が裁判官の適性の有無を判断することになる。諮問委員会の構成員は七名であるが、この七名はヨーロッパ裁判所およびヨーロッパ第一審裁判所の元裁判官、加盟諸国の国内最高裁判所の裁判官、そして著名な法律家、これらの中から選ばれ、ヨーロッパ理事会により任命される。

憲法条約草案第一編第二八条は、加盟国に対し、各国で実効的な権利保護を実現するよう、明示的に義務付けている。そこでの表現から明らかなように、加盟諸国の国内裁判所もヨーロッパ規模での権利保護制度の一部を構成している。

第二節　手続の種類

前述のように、かつては、個人の権利保護をもっと強化するようにという要請がないわけではなかった。[24] それでも、個人の地位の向上を考慮し憲法上も規定すべきだという新しい原則を主張する考えはまだ示されていない。特に基本権を根拠にヨーロッパ裁判所での訴願を認めるようにという要望は近年ますます強くなってきているが、しかし、この点はまだ実現されていない。

これに対して、無効の訴えという方法で行なわれる権利保護の範囲は拡大されている。しかし、関連規定に示されているように、その範囲は狭く限定されている。今後、個人の原告適格が認められることになるのは、次に掲げる事項である。

・「個人に向けられた行動または個人に直接関わる行動」、および、

・「規則としての性質を有する法的行為で、個人に直接関わりかつ実施措置を伴わないもの」（憲法条約草案第三編第二七〇条第四項）。

右の「行動」という言葉で、個人に向けられるすべての法的形式が考えられている。この点では、従来の法状況と比べても、本質的な変更は行なわれていない。それでも、個人に「直接関わる」行動については、裁判所により法の継続形成がなされた結果、原告適格が拡大されている。たとえば、ひとつの「行動」を介して重大な不利益が生じると予測されるすべての者に無効の訴えを認めることが考えられている。これまで用いられていた「裁判」（ヨーロッパ共同体条約第二三〇条第四項、第二四九条）という概念と異なり、この「行動」という文言には、共同体の諸機関が拘束

力を伴って実施するすべての法的行為が含まれる。こうした解釈は、どの法規範の場合でも、原則として排除されていない。

何が「規則としての性質を有する法的行為」に当たるかについては説明が必要であろう。体系的にみると、「規則としての性質を有する法的行為」という文言は憲法条約草案第一編第三二条が定める規範カテゴリーと関連し、特にヨーロッパ委員会に委任されている派生立法のみを表している。その結果、従来ヨーロッパ理事会が規則（今後は、「ヨーロッパの法律（Europäische Gesetze）」と呼ばれる）および指令（今後は「大綱法（Rahmengesetze）」と呼ばれる）というかたちで行なっていた立法活動はこの修正案では再審査されない。

右の規定に関するこうした帰結は、イェーゴ・ケレ事件の裁判から引き出される[25]。本件で問題となった規則は、ヨーロッパ共同体条約第二四九条の意味でヨーロッパ委員会が定めたものであり、最低一〇センチメートル四方のトロール網の使用を認める漁業権に関わるものであった。これに対して、原告たる漁業会社が使用した網目は八センチメートル四方のものであった。ヨーロッパ第一審裁判所は、それまで適用された諸基準に従い、本件原告の行為はなるほどこの規則に直接に関連するものであるが、しかし、ヨーロッパ共同体条約第二三〇条第四項の意味で個人に関するものではないと判示した。というのは、同項によると、通例、当該行動形式の利用に誤りがあり、しかもその結果、本来それなりの判断が下されるべきであったのにそうした判断が下されていないときにのみ、当該規則に対する個人の権利保護が認められるからである[26]。

判例はむろん一定の範囲でこうした取扱いに対する例外を認めてきている。その際に問題となるのは、行動形式というよりもむしろ個人レヴェルでの関連性と直接的な関連性がともに存在するか否かという視点である。原告が当該法的行為を通じて直接かつ個人的に関連させられている場合には、無効の訴えをもってのみ、「規範的性質」を有する法的行為に対しても対抗することができる。[27] それゆえ、法規範違反を理由とする訴えという形式は排除されていない。[28] しかし、原告が直接に関わるといえるのは、原告が引き受けるべき負担が異議を唱えられていた法的行為のみから生じていること、そして、その実施を委ねられている機関により、裁量の余地なくかつその他の規定を間に挟むかたちで適用することなく、当該法的行為が適用されなければならないとされているときだけである。[29] 別の裁判では名宛人とされていない原告が個人として関連させられているとされるのは、当該法的行為が「特定の人的資格を理由としてまたはその他の人々の中から引き出される特別の事情を理由として、原告に関連し、それゆえ、名宛人に対するのと似たやり方で個別化されている」ときだけである。[30]

このいわゆるプラウマン公式によれば、イェーゴ・ケレ事件における個人的関連性は否定されなければならないであろう。というのは、この規定はメルルーサの捕獲条件に抽象的に向けられているだけであり、個々人を特別のやり方で個別化してはいないからである。しかし、このように考えるときは、結局、当該請求が棄却されても、原告たる漁業会社にはそれ以上の権利保護が与えられず、むしろ、原告の規則違反が問われることになりかねないであろう。ヨーロッパ第一審裁判所は、このように判断して、原告に対して原告適格を認めた。

ヨーロッパ裁判所はこの裁判を第二審として簡単に破棄した。というのは、同裁判所によって確認されたその先例によれば、権利保護範囲の拡大には条約の変更が必要とされているからである。[31] 条約変更は、今後、憲法条約草案第三編第二七〇条第四項によって行なわれることとなろう。この条項は、ヨーロッパ第一審裁判所がとる路線に従い、規範に対する違反を理由とする権利保護を一定の範囲で改めようとしている。

（24） 多くのものに代えて、*Th. v. Danwitz*, Verwaltungsrechtliches System und Europäische Integration, 1996, 238 ff.；このほか

にも参照されるものとして、*J. Schwarze*, Der Rechtsschutz Privater vor dem Europäischen Gerichtshof, DVBl. 2002, 1297 (1307ff.) がある。

(25) ヨーロッパ第一審裁判所、Rs. T-177/01, Slg. 2002, II-2365 - Jégo Quéré/Kommission；このほかにもやはり参照されるものとして、ヤコブス法務官の最終申立、Rs. C-50/00 P, Slg. 2002, I-6677 Rn.59ff. – Unión de Pequeños Agricultores/Rat がある。この判決は注目を浴びている。同判決は、ヨーロッパ連合が行なった法的行為に対する権利保護の可能性に関して、ヨーロッパ人権裁判所では唯一の判決として挙げられている。二〇〇二年五月二三日判決、Req. No. 6422/02 および 9916/02, Segi et al. Bzw. Gestoras Pro-Amnistia et al./Mitgliedstaaten der Europäischen Union（不採択、傍論）, S.7；このほかに参照される評釈として、*Calliess*, NJW 2002, 3577；*Dittert*, EuR 2002, 708；*Nettesheim*, JZ 2002, 928；*Malvasio*, AJDA 2002, 869；*Gilliaux*, CDE 2003, 177；*Mehdi*, RTDE 2003, 23；*Usher*, ELR 2003, 575.

(26) ヨーロッパ裁判所、Rs. C-309/89, Slg. 1994, I-1853 Rn.17 – Codorniù/Rat.

(27) ヨーロッパ裁判所、Rs. C-358/89, Slg. 1991, I-2501 Rn.13ff. – Extramet/Rat.

(28) 参照されるのは、*F. Mayer*, Individualrechtsschutz im Europäischen Verfassungsrecht, DVBl. 2004, 606 (607) である。そこで参照されているのは、ヨーロッパ裁判所、Rs. C-298/89, Slg. 1993, I-3605 – Gibraltar/Rat および Rs. C-10/95 P, Slg. 1995, I-4119 – Asocarne/Rat である。

(29) ヨーロッパ裁判所、Rs. 113/77, Slg. 1979, 1185 Rn.11 – NTN Toyo Bearing Company/Rat.

(30) ヨーロッパ裁判所、Rs. 25/62, Slg. 1963, 211 (238) – Plaumann/Kommission.

(31) ヨーロッパ裁判所二〇〇四年四月一日判決、Rs. C-263/02 P, 判例集未登載、NJW 2004, 2006；これと同様の判断を下したものとしてはすでにヨーロッパ裁判所、Rs. C-50/00 P, Slg. 2002, I-6677 – Unión de Pequeños Agricultores/Rat がある。

第五章　評　価

憲法条約草案の主要な内容は、裁判制度に関する限り、ここにみたようにさほど目立つものではなく、すでに二一ス条約に取り入れられている。

ニース条約による最も重要な改革のひとつは、設置規則で示されている限りでいえば、ヨーロッパ規模での司法改革を第一次法から第二次法へと移すことであった。[32] これに関連して挙げられるのは、新たに裁判所内に設置される法廷の管轄権（ヨーロッパ共同体条約第二二五a条第一項）、ヨーロッパ第一審裁判所の管轄権（ヨーロッパ共同体条約第二二五条第一項および第三項）、上訴（ヨーロッパ共同体条約第二二五条第三項、第二二五a条第三項目）、知的財産権についての管轄権（ヨーロッパ共同体条約第二二九a条）ならびにヨーロッパ裁判所およびヨーロッパ第一審裁判所の組織（ヨーロッパ共同体条約第二四五条）、これらである。これらの分野では、今後容易に変更が行なわれることとなろう。というのは、そうした変更はヨーロッパ連合条約第四八条が定める条約改定手続に服さなくてよいからである。この点は確かに長所ではあるけれども、同時に、今後は変更がバラバラになされ原則的な改革は行なわれなくなるといった予断を与える危険性もないわけではない。[33]

ニース条約と憲法条約草案とを対比してみると、ヨーロッパでは、三審制の構造から成る多段階の裁判制度という姿がしだいにはっきりと現れてきていることが分かるであろう。

以上の考察から分かるとおり、加盟諸国の国内裁判所もこのヨーロッパのシステムに統合されている。それゆえ、二五か国に拡大したヨーロッパで裁判所設置規則の変更がしだいに容易になってきているのに、ニース条約に基づくシステムの方が、増え続ける職務負担に適応しようとして、かえって動きの鈍いものになるとすれば、加盟諸国の国内裁判所の役割を改めて検討することが必要になろう。その場合にとるべき方策は、ますます進展する専門化の動きを考慮し、加盟国の裁判所にそのための対策を義務付けることであろう。二〇〇四年五月一日に発効し、加盟諸国の行政官庁と裁判所に対し、これまで以上に広い権限を認めている新しいカルテル規則はこうした方向を目指して歩んでいる。ヨーロッパ裁判所もまた、加盟国国内裁判所との結び付きを強めることに賛成している[34]。

すでに長い間求められていたことであるが、法規に対する違反を理由とする権利保護の改革というこうした試みが果たしてどの程度支持されるものであるかという点を評価することは難しい。前述したような理事会規則に代わるヨーロッパ規模での法律（Gesetze）と指令に代わる大綱法（Rahmengesetze）を今後も排除し続けようとすれば、ヨーロッパ裁判所にとって手がかりがまったくない事案では、依然として、法の欠缺が残ることとなろう。このことが特にあてはまるのは、ヨーロッパ法規範を国内法に置き換えなくてもよい場合や、国内裁判所が提示義務を無視し、その結果、国内の訴訟法規ではこうした間隙が埋められない場合である[35]。国家裁判所の役割は、それゆえ、ヨーロッパ全体との関連でもますます強化されているようにみえる。このことは憲法条約草案第一編第二八条が正当にも強調しているとおりである。

（32） 一般的な評価として参照されるのは、*Pernice/Mayer*（前注（23））, Art. 220 EGV Rn. 88 のみである。これにはその余の証明が付されている。

（33） *J. Sack*, Zur künftigen europäischen Gerichtsbarkeit nach Nizza, EuZW 2001, 77 (80).

（34） *EuGH*, Reflexionspapier（前注（1））, 108；このほかにも参照されるものとして、*G. C. Rodríguez Iglesias*, Der EuGH und die Gerichte der Mitgliedstaaten – Komponenten der richterlichen Gewalt in der Europäischen Union, NJW 2000, 1889 (1894 f.)

（35） ドイツの訴訟法はこの点で十分な弾力性を持っている。規範定立行為に対する確認の訴えについて参照されるのは、BverwGE 111, 276 (278ff.) であり、規範発布行為について参照されるのは、連邦行政裁判所、NverwZ 2002, 1506 であり、一般的に参照されるのは、*J. Gundel*, Rechtsschutzlücken im Gemeinschaftsrecht ?, VerwArch 2001, 81 ff. である。

ヨーロッパ連合市民権

Die Unionsbürgerschaft

目　次

第一章　はじめに

「ヨーロッパ連合市民権」は、ヨーロッパ共同体条約第二部（ヨーロッパ共同体条約第一七条ないし第二二条）において、特別に強調されたかたちで規定されている。ヨーロッパ連合市民権という言葉には二つの発展が表されている。第一に、ヨーロッパの統合は、いくつかの選び抜かれた経済分野で始められたものであるが、ほどなく経済統合という包括的な過程を経て、当初の予定であった純然たる経済的目標設定をこれまでの間にはるかに凌駕してしまっている。第二に、ヨーロッパ経済共同体それ自体からしてすでに、諸国家の共同体というにとどまらず、諸国市民の共同体ともなっている。(1)その結果、当初の基本的自由を基本権へと拡大することが必要とされたが、それは、ヨーロッパ共同体が介入権を有する種々の措置を採る権能を有していたからであった。このことがあてはまるのは、特に農業法、関税法、そして競争法の場合である。(2)

しかしながら、ヨーロッパ連合の内部において主権を行使するためには、基本権行使に対する逆方向からの応答として基本権が保障されるだけでなく、ヨーロッパ連合市民がそれに同意するという正当化のための手続も必要とされている。公益を理由とした経済取引への介入やあらゆる種類の共同体規模での補助金の配分をもはや個々の加盟国政府の所管事項から切り離してしまおうとすれば、各国ごとの市民権と並んで、ヨーロッパ市民権が固有の識別基準として認められなければならない。このことはすでに一九五八年のヨーロッパ経済共同体条約前文の中で指摘されていた点である。というのは、そこでは、「ヨーロッパ諸国民間での一層の緊密化をさらに進めること」が目標として掲げられていたからである。こうした状況が遺憾なことにまだ達成されていないという点を示唆しているのがヨーロッパ連合条約第一条第二項である。同項によれば、「ヨーロッパ諸国民は互いに一層緊密な関係を築いてきている」ところから、ヨーロッパ連合が下す判断は「できる限り市民に近いところで行なわれる」こととなる。民主主義的な公共団体にあっては、市民自身が、さまざまな制度や手続を媒介として、当該公共団体が下す判断の後ろ盾となるべきであろう。しかしながら、ヨーロッパ連合では、重要な判断は各国政府の代表者によって行なわれており、各国政府の代表者はそれぞれの国の議会を通じて自己の正当性を与えられているというかたちをとっている。ヨーロッパ議会の権能を各国の国民代表のそれと対比することはできない。こうした状況は憲法の視点からみると十分なものなのかもしれない(3)が、国民の地位という視点からみると決して満足の行くものではない。それゆえ、ヨーロッパ連合市民権というものは、国家法とヨーロッパ法とで正当化の形式が異なるために生じた、いわば割れ目のような存在であって、そこに橋を架け、国民の地位を補完する追加的な独自性と適法性を作り出さなければならないであろう。(4)ヨーロッパ連合条約第二条第三ダッシュ（Spstr.）が、「ヨーロッパ連合市民権の導入を通じて加盟国国民の権利および利益の保護を強化すること」と述べているのも、こうした理由によるものである。

以下では、まずヨーロッパ共同体において連合市民権が導入されてきたその歩みが辿られる（第二章）。それに続けて、連合市民権取得の要件である加盟国国籍（ヨーロッパ共同体条約第一七条第一項第二文）に対する関係、それに、国民の地位に対する関係が、それぞれ取り上げられる（第三章）。その後、個別的な連合市民権が取り上げられる（第四章）。こうした順序をとることで、連合市民権とされる個々の権利の持つ意味をよりよく評価することができよう（第五章）。

（1） 参照されるのは、ヨーロッパ裁判所、Slg. 1963, 1, 25 — van Gend & Loos 事件；Slg 1991, I-6079, Rn. 21 — EWR 事件である。
（2） 参照されるのは、*Oppermann*, FS Doering, 1989, S. 713 である。
（3） BverfGE 89, 155, 184 ff. — Maastricht.
（4） 参照されるのは、*Oppermann*, Europarecht, 2. Aufl. 1999, Rn. 210 である。

第二章　ヨーロッパ共同体固有の問題としての連合市民権

第一節　市場参加者としての市民からヨーロッパ連合市民へ

ヨーロッパ連合市民権は、政治的な発議の結果であると同時に、立法活動、それに裁判所による法の継続形成、これらの所産でもある。それゆえ、連合市民権は、経済的自由に限定されていた市場社会から生まれたものであるということができる。ヨーロッパ共同体条約はもともとの形式では一定の範囲内の人にしか権利を認めておらず、経済生活に積極的に関わる者のみが優遇されていた。(5) そうした権利を付与された者の法的地位は、労働、物および資本と結び付けられていた。個人は「市場参加者としての市民」という立場で、加盟国に向けられた権利の所有者であった。(6)

伝統的な意味での包括的市民権は一九六〇年代末頃から発展し始めたものである。それは、共同体法上の介入権が成立した時期であり、同時に、共同体それ自体に対する自由権が創設されたときでもあった。(7) これとほぼ同じ頃、ヨーロッパ共同体は社会的権利の分野でも立法を行なうようになった。特に労働者の自由移動が認められた結果、受入国の労働者社会において内国民との間で調整された法的地位を加盟国国民に対しても認めるべきであるとする包括的権利付与システムが、第二次法に基づいて即座に成立した。[8]こうしたプロセスを辿った特徴的な例はヨーロッパ的規模での調整を経験した社会保障法である。というのは、社会保障法はヨーロッパ共同体加盟国出身の労働者と当該加盟国の所属民に対し、社会保険法上の請求権行使につき同一の可能性を認めているからである。ヨーロッパの労働者の権利がそこにいう社会的権利に含まれるだけでなく、物品取引の自由とは多少とも異なる点があるにせよ、健康保護のための環境保護規範や消費者の権利のために認められた規範も、同様に社会的権利に含まれている。[9]

自由移動や滞在を求める権利、そして社会的権利、これらの権利は、時代の進展とともに、物とサーヴィスとの交換に対する密接な結び付きを失ってきた。人の自由移動を促進するために当初設けられた義務、すなわち、滞在国の社会的給付システムの中に移住労働者をも取り入れるという内容の義務は、労働契約の成立要件とは切り離されてしまっている。[10]共同体市場が掲げる目標との整合性という視点では修正されなかった権利がどのくらいの規模になるかという点は、ヨーロッパ経済共同体条約第一三八条第三項（現行のヨーロッパ共同体条約第一九〇条第四項）が、ヨーロッパ議会の直接普通選挙を行なうよう委任したことによって、すでに約束していた政治的参加の見込みが今後どうなるかについての判断にかかっている。

それでも、ヨーロッパ市民に認められた拒否権、社会的権利および政治的権利の萌芽を手がかりにして、それらの権利を独立した地位を持つものへと纏め上げようとする要求が一貫して主張されてきている。[11]一九六九年にオランダのデン・ハーグで開かれた国家元首・政府首脳会議以来、政治的次元では、「ヨーロッパを基盤とする市民」という独自の目標を掲げた提案が引き続き行なわれている。

その後ほどなくして、ヨーロッパ市民権は、政治的なレヴェルでの推奨という範囲にとどまらず、ひとつの法的制度として定着してきている。このヨーロッパ市民権は市場を構成する市民という概念に代替するものであった。ヨーロッパ裁判所の判例をみると、「教養ある市民」は、旅行者としてはいわゆる受身の役務提供の自由を享受し、学生としては一般的な国籍差別禁止（今日のヨーロッパ共同体条約第一二条）に基づいて教育機関にアクセスする権利および教育奨励制度を利用する権利を認められている。[12] 一九八七年の学生交換に関するヨーロッパ理事会エラスムス決議は「ヨーロッパを基盤とする市民」に言及した最初の立法行為である。[13] それから少し後に、ヨーロッパ委員会は地方自治体選挙権についての立法提案を提出した。[14] ヨーロッパ理事会は、職業に従事していない者が本国外に滞在する権利に関して三つの指令を公布した。[15]

第二節　ヨーロッパ連合市民権についてのヨーロッパ共同体条約の諸規定

最終的には、マーストリヒト条約によって一九九二年にヨーロッパ連合市民権が第一次法の次元に導入された。しかし、この導入は、ヨーロッパ経済共同体からヨーロッパ共同体への名称変更と同時に偶然に行なわれたものではない。アムステルダム条約は、これらの規定（これからはヨーロッパ共同体条約第一七条ないし第二二条となる）に、さらに母語での情報提供を求める権利（ヨーロッパ共同体条約第二一条第三項）を付加した。二〇〇〇年一二月七日のヨーロッパ連合基本権憲章では、ヨーロッパ連合市民権が改めて拡大されている。[16]

一見すると、ヨーロッパ連合市民権に関するヨーロッパ共同体条約上の諸規定は、未完成の寄木細工のようにみえる。右に述べた個別的権利はいずれもさほど多くのことを定めておらず、またさほど新しいことを付け加えているわけでもない。そこで挙げられている権利は、たとえば、自由移動の権利（ヨーロッパ共同体条約第一八条）、地方自治体代表者選挙権および住所地でのヨーロッパ議会代表者選挙権（ヨーロッパ共同体条約第一九条）、外交保護・領事保護を求める権利（ヨーロッパ共同体条約第二〇条）、それに、請願権および情報請求権（ヨーロッパ共同体条約第二一条）である。この基本権憲章は、第四一条および第四二条において、ヨーロッパ裁判所の判例により発展させられた「善き行政を求める権利」および文書へのアクセス権（ヨーロッパ共同体条約第二五五条）をさらに付加している。

もとより、その完全な姿というものは、ヨーロッパ連合市民権に関するヨーロッパ共同体条約の条項がどのような関連性のもとに置かれているかという点をみなければ、明らかにすることはできないであろう。ヨーロッパ共同体条約第一七条第二項によれば、ヨーロッパ連合市民は「この条約に定められた権利義務」を有する。ヨーロッパ市民権は、それゆえ、ヨーロッパ共同体条約第一八条から第二一条までの諸規定を通じて完結したかたちで述べられているわけではなく、この条約に基づいて共同体と個人との間で成立するすべての法律関係から生じているのである。ヨーロッパ理事会がすでに一九九〇年にローマで開いた会議において強調していたように、ヨーロッパ市民権には社会的・経済的権利も市民的権利も含まれなければならないのである[17]。それゆえ、基本的自由だけでなく、基本権および一般的国籍差別禁止もそこに含まれるのであって、それらが加盟国の国籍を通じて媒介されている権利であるか否かという点は重要ではない[18]。第二次法により設けられた権利だけでなく裁判所による権利保護を求める権利も、ヨーロッパ連合市民権を幅広く形成している。それゆえ、ヨーロッパ連合市民権は、条約および第二次法によって保障されている権利と判例を通じて発展してきたきわめて多くの権利との両方によって構成されている。ヨーロッパ共同体条約第一七条以下の諸規定が特に重要だとされるのは、これらの規定中に、滞在権（ヨーロッパ共同体条約第一八条）、選挙権（ヨーロッパ共同体条約第一九条）および外交保護・領事保護を求める権利（ヨーロッパ共同体条約第二〇条）と並んで、ヨーロッパ連合市民に対してのみ与えられている非経済的種類の権利が挙げられているからである。

法人は、それ自体、確かにヨーロッパ連合市民権の主体となることはできない。このことは加盟国国民の権利の場合に考えられるのとまったく同様である。しかし、個々の権利は、その準用がふさわしい場合、私法上の法人に対して準用される余地がある。そうした例として明示されているのは請願権の場合である（ヨーロッパ共同体条約第一九四条、第一九五条と結び付けられた第二一条）。外交保護・領事保護を求める権利（ヨーロッパ共同体条約第二〇条）も、そうした趣旨の国際法上の実践を考えれば、そのまま私法上の法人に対しても認めることができよう。

（5）もちろん、ヨーロッパ委員会はすでに一九六二年に、個人は「生産の要素」としてではなく、自由権の持ち主として考慮されなければならないという見解を述べていた。参照されるのは、ABl. 1962, S.2118 である。

（6）*H. P. Ipsen*, Europäisches Gemeinschaftsrecht, 1972, S. 187, 250 ff., 742 f.；経済的視点からみた「経済市民」が有する権利の価値について批判的なものとして、*Nienhaus*, in：*Hrbek* (Hrsg.), Bürger und Europa, 1994, S. 29 ff.

（7）ヨーロッパ裁判所がそのスタートを切ったのは、シュタウダー事件（Slg. 1969, 419 ff.）および国際商事会社事件（Slg. 1970, 1125 ff.）によってであった。基本権とヨーロッパ連合市民権との関係については、*O'Leary*, CML Rev. 32 (1995), 519 ff.

（8）*Evans*, MLR 45 (1982), 496 ff.；*Everling*, EuR Beiheft 1/1990, 81 ff.；*O'Leary*, The Evolving Concept of Community Citizenship, 1996, S. 65 ff.

（9）*Reich*, Bürgerrechte in der Europäischen Union, 1999, S. 207 ff., 262 ff., 391 ff.；今後、参照されるべきものとして、ヨーロッパ連合基本権憲章第二七条ないし第三八条、ABl. 2001, Nr. C 364/1 がある。

（10）*Evans*, AJC 32 (1984), 679, 689 ff.

（11）*Grabitz*, Euorpäisches Bürgerrecht, 1970；これについては、*Tomuschat*, ZaöRC 33 (1973), 379 ff.；*Randelzhofer*, GS Grabitz, 1995, S. 580 ff.；このほかにも参照されるものとして、*Magiera*, DÖV 1987, 221 ff.；*Marias*, in：*ders.*, European Citizenship, 1994, S. 1, 3 ff. がある。

（12）観光については、ヨーロッパ裁判所、Slg. 1985, 377, Rn. 16 – Luisi and Carbone；Slg. 1989, 195, Rn. 17 – Cowan；大学での学修については、Slg. 1985, 593, Rn. 19 ff. – Gravier；「教養ある市民」については、*Oppermann*, in：*Nicolaysen/Quaritsch*

(Hrsg.), Lüneburger Symposion für Ipsen, 1988, S. 87, 91.

(13) ABl. 1987, Nr. L 166/20；このほかに参照されるのは、ヨーロッパ裁判所、Slg. 1989, 1425, Rn. 29 — ヨーロッパ委員会対ヨーロッパ理事会事件、である。

(14) 共同体加盟諸国において地方自治体での選挙に際して市民が行使する選挙権については、Bull EG Beilage 7/86；この指令案（ABl. 1988, Nr. C 246/3）は、ヨーロッパ連合市民権の導入が切迫していたために、後回しにされた。

(15) 職業に従事していない者の滞在権に関する指令九〇／三六四号、ABl. 1990, Nr. L 180/26；年金生活者の滞在権に関する指令九〇／三六五号、ABl. 1990, Nr. L 180/28；学生の滞在権に関する指令九〇／三六五号、ABl. 1990, Nr. L 180/30、これら三つの指令は、権限の根拠の選択に誤りがあるとして、ヨーロッパ裁判所により無効と宣言された（Slg. 1992, I-4193 ff. —ヨーロッパ議会対ヨーロッパ理事会事件）。これらの指令は新たに指令九三／九六号、ABl. 1993, Nr. L 317/59、として交付されている。滞在権に関するすべての法的行為はこの間にひとつの指令に統合された。参照されるのは、ヨーロッパ連合市民とその家族が加盟諸国の領域内を自由に移動し滞在する権利に関する指令二〇〇四年／三八号、ABl. 2004, Nr. L 158/77 である。

(16) 基本権憲章第三九条ないし第四六条。

(17) Bull. EG, Beilage 2/91.

(18) *Kommission*, Dritter Bericht über die Unionsbürgerschaft, KOM 2001, 506 endg., S. 2 f., 23 ff.

第三章　国籍、国民の地位、ヨーロッパ連合市民権

ヨーロッパ共同体条約第一七条は、三つの異なる概念、すなわち、国籍、国民の地位およびヨーロッパ連合市民権を用いている。これらの概念は、個人を超越した公的団体に対する関係で個人がどのような地位を有するかを明らかにするものである。ヨーロッパ共同体条約第一七条第一項第二文によれば、ヨーロッパ連合市民（Unionsbürger）と

は、いずれかの加盟国の国籍（Staatsangehörigkeit）を有する者をいう。ヨーロッパ連合市民権は個々の国民の地位（Staatsbürgerschaft）を補充するものではあるが、しかし、国民の地位に代替するものではない（ヨーロッパ共同体条約第一七条第一項第三文）。ヨーロッパ連合市民権、国籍、国民の地位、これらは互いにどのような関係にあるのだろうか。

第一節　国籍と国民の地位

「国籍」という概念と「国民の地位」という概念とは互いに関連しているが、両者の法的内容は異なる。[19]国籍という法律関係は、個人を国家の対人主権に服させるものであると説明されている。これと同様に、国籍は、人の資格または地位であるという説明もよく行なわれている。[20]こうした説明では、両者間に本質的な相違は生じない。両者の違いで決定的に重要なのは、国籍概念がある人のある国家への形式的かつ法的な所属を意味するという説明である。国籍概念は国際法上も国家法上も重要である。

国際法からみると、国民とは、国家がその者の滞在地如何を考慮せず権利を付与し義務を課している者をいう。また、国籍は、国家が外国で外交保護・領事保護を行なうための権利の根拠であり、外国が自国領域内でそうした保護を行なうことを受け入れる義務の根拠でもある。国籍得喪の要件を定める権能は、それが主権の表現であるところから、国家に帰属するが、これには国際法的な限界がある。たとえば、国籍に関する規律は他の諸国の人的主権を侵害してはならない。また、ある国が自国の国籍を付与していても、他の諸国は、当該国籍の基礎付けに関して当該国籍が実効的ではなく、それゆえたんに形式的な意味で法的に存在するにすぎない場合、付与された国籍から生じる法律効果の承認を拒否してもよい[21]。それゆえ、国籍は、いずれかの公的団体中に現実にかつ社会的に組み込まれていることを示す法的地位を意味する。特に、国籍は、国家間で人的主権範囲を限界付け、国家と個人との間の排他的関係を識別する機能を有する。

憲法からみると、国籍は、それ自体、特別の権利義務と結び付けられていない。確かに、各ラントの憲法も連邦レヴェルのドイツ基本法も、権利義務のカタログに示されたすべての内容をドイツ国籍の保持と結び付けている。しかし、ドイツ国籍は、たとえば選挙権や兵役義務を発生させるために必要とされる多くの要件の中のごく一部でしかない。

これに対して、国民の地位は、ある人が国家および社会に帰属していることを確認できる権利義務をすべて包括した概念である[22]。国民の地位は、自由・平等・博愛という啓蒙期の考えに由来するものであり、自由権、社会的権利および政治的権利を含んでいる。国や社会への帰属を示す排他的基準は、いわゆる能動的地位、すなわち選挙権と被選挙権である。昔から、大多数の住民は、年齢、教育水準、性、社会的出自を理由に、また国籍の有無を根拠に、政治的参加の機会を奪われてきた。古代の公的団体でも中世の都市におけるのと同様、政治的権利の付与は、市民権を有する者とそれより劣後する所属形式を有する者との間で区別されていた[23]。啓蒙時代もフランス革命もなんらこうした状況を変えるものではなかった[24]。これに対し、純粋に考えて人間が自由に能力を伸ばす可能性を実際に保障するという点で社会的権利が重要性を有するということは、その後始まった産業革命時代を振り返れば明らかになろうが、それでも、産業革命の時代には社会的不平等という新しい問題が生まれている。こうした背景のもとでは、政治的権利のほかに、社会的権利も国民の地位の本質的構成要素であるとみなされている[25]。自由権、社会的権利および政治的権利、これらをすべて有するものだけが市民と呼ばれている。

国籍と国民の地位との関連性は、完全な市民としての地位を有することによって国民という地位の取得が保障されるという点にある。この点は、一九世紀には、今日におけるよりももっと明確であった。ドイツでは、メッテルニッヒ体制に抵抗するため、ベルリン、ヴィーンなど各地で人民が蜂起したいわゆる三月革命の前から、自由権は国籍と結び付けられていた[26]。このことは社会福祉の受給資格についてもあてはまる。しかしながら、その後はしだいに、自由権ばかりでなく社会保障制度への参加も基本的に国籍の有無から切り離され、住所地や滞在地がドイツ国内にあるか否かによって決められるようになった。その例外を成すのが政治的権利である。政治的権利はドイツ基本法によっても国民の地位の重要な構成要素とされている。このことを示したドイツ基本法第三三条第三項では都市市民の権利（bürgerliche Rechte）と国家市民の権利（staatsbürgerliche Rechte）とが区別されているのに対して、同基本法第三三条第一項ではすべてのドイツ人に対してまったく同一の国家市民の権利義務が付与されている。こうした伝統のもとで、ドイツ連邦憲法裁判所も、国家権力は民族（Volk）に由来しなければならない（ドイツ基本法第二〇条第二項）とし、ドイツ民族はドイツ国民によって構成されるという立場を前提としている。

ヨーロッパ共同体条約で用いられている概念はヨーロッパ連合市民権である。この概念を国籍と比較することはできないし、また比較すべきものでもない。むしろこの概念は個々の国家市民権に対応するものである。ヨーロッパ連合市民権という概念によって示されているのは、国籍とは反対に、ヨーロッパ連合市民権がなんら人的主権の及ぶ範囲を基礎付けるものではなく、ヨーロッパ連合が個人を権利義務の主体（ヨーロッパ連合市民権）として考えているという点である。ヨーロッパ共同体に対する政治的参加権（ヨーロッパ共同体条約第一七条第二項、第二一条）は、国民が有する能動的地位（選挙権と被選挙権）に対応した法的地位を基礎付けている。こうした並行性が最終的にどこまで認められるかという点は、個々の権利をひとつずつみなければ、はっきりと示すことはできない（これについては、以下の第四章参照)。

第二節　ヨーロッパ連合市民権の取得要件としての国籍

ヨーロッパ共同体条約第一七条第一項第二文は、加盟国の国籍を有する者は誰でもヨーロッパ連合市民であると述べている。マーストリヒト条約の最終文書に添付された「加盟国の国籍についての宣言」において明文で確認されているように、ヨーロッパ共同体条約が国籍に言及しているときはいつでも、加盟国の国内法が基準とされている。[27] それゆえ、国籍得喪要件の決定について管轄権を有するのは当該加盟国のみである。加盟諸国の国籍法上の諸規定は、同時に、ヨーロッパ連合市民の人的範囲をも決定している。

このように管轄権が加盟国に分配されていることから、加盟国の中でも多くの国では他の諸国におけるよりもずっと容易にヨーロッパ連合市民権を取得することができるという結果も生まれている。そのことにより加盟国間で義務の不平等が生じるとすれば、そうした結果は好ましくないであろう。[28] 各国が採用しているモデルと各国における帰化実務とは大きく異なっている。しかしながら、特に、国籍得喪の諸条件を調和させるようにというヨーロッパ議会の要求は、近い将来をみると、政治的事情から、まったく達成される見込みが立っていない。[29] 国籍を定義する自治権を放棄することは、加盟諸国の性質およびヨーロッパ連合の地位を決定的に変更することとなろう。もちろん、加盟国はこの分野でもヨーロッパ共同体に対する関係で誠実義務を負っている（ヨーロッパ共同体条約第一〇条）。[30] この誠実義務は、ヨーロッパ共同体の移民政策（ヨーロッパ共同体条約第六三条をみよ）を実際上不可能にしたり基本的に難しくしたりするようなやり方で帰化を容易にすることを禁じている。

国籍とヨーロッパ連合市民権はヨーロッパ共同体条約第一七条第一項第二文では分離されていない。第三国の国民や無国籍者はヨーロッパ連合市民権を独自に取得することはできない[31]。というのは、公的団体の市民は共通の政治的・法的秩序のもとで生活しようとする者であるとする哲学的アイディアにおいては、本来これら第三国の国民や無国籍者はヨーロッパ連合市民権の構成要素だと考えられていなかったからである。逆にいえば、加盟国の国籍を同時に放棄するのでなければ、誰でも、ヨーロッパ連合市民権を放棄することはできないのである[32]。

第三節　国民の地位の補充としてのヨーロッパ連合市民権

ヨーロッパ連合市民権の有無はヨーロッパ連合加盟国の国籍の有無に依存している。ヨーロッパ連合市民権を持つということは、加盟諸国において当該国の国民の地位に対応する機能がヨーロッパ連合の枠内で認められることを意味する。しかし、ヨーロッパ連合市民権は加盟国の国民の地位と競合するわけではなく、これを補完するものである（ヨーロッパ共同体条約第一七条第一項第三文）。それゆえ、ヨーロッパ連合市民権は「市民権を多くの平面で」基礎付ける役割を果たしている[33]。このことから、ヨーロッパ連合市民の権利は一体誰に向けられているのかという問題が生じている。

ヨーロッパ連合市民権の最初の名宛人は、これまで特にヨーロッパ連合がそのいわゆる第一の柱であるヨーロッパ共同体において活動していたことを考慮すると、ヨーロッパ連合となる。個人がどのような法的地位を有するかという点を意識して定義するという立法目標を認識できるのは、ヨーロッパ的規模での選挙権、請願権、情報請求権および文書へのアクセス権（ヨーロッパ共同体条約第一九条、第二一条、第二五五条）の場合である。それゆえ、ヨーロッパ連合に対する関係をみると、ヨーロッパ連合市民権はそれ自体が法律関係や法的地位であることを示している。

さらに加盟国もまた、ヨーロッパ連合市民権から生じる多くの義務の名宛人となる。このことがあてはまるのは、自由移動（ヨーロッパ共同体条約第一八条）、地方自治体選挙権（ヨーロッパ共同体条約第一九条第一項）および外交保護・領事保護を求める権利（ヨーロッパ共同体条約第二〇条）についてである。ヨーロッパ議会選挙権（ヨーロッパ共同体条約第一九条第二項）も加盟国の協力を必要としている。これらの権利が文言上向けられている相手は、加盟国のうち、当該国の国籍をヨーロッパ連合市民が持っていない国や、当該国内に住所を取得したり、その他の理由で滞在したりしている国である。このほか、ヨーロッパ連合市民権に基づいてその者の本国たる加盟国にも種々の義務が生じるか否かという問題も提起されている。いわゆる内国民待遇についての先例を忠実に守って、ヨーロッパ裁判所は、これまでのところ、ヨーロッパ連合市民の権利を自国民へと拡張することを拒否し、また自国民を自国よりもずっと厳格な諸規則に服させる結果を他の加盟国に認めることを拒否してきた。[34] それでも、この問題が提起されるのは自由移動と一般的国籍差別禁止（ヨーロッパ共同体条約第一八条および第一二条）の場合だけである。その他の権利は、それぞれの文言と意味からみて、出身国とは別の加盟国に向けられている（ヨーロッパ共同体条約第一九条第一項および第二項、第二〇条）か、またはヨーロッパ連合だけに向けられている（ヨーロッパ共同体条約第二一条、第二五五条）。

このように、ヨーロッパ連邦市民権は、個人がヨーロッパ連合に対しても加盟国に対しても、同時に、国民の地位を補完する特別の地位を有することを根拠付けている。次には、こうした地位がどこに存在するかについて述べることとしよう。

(19) これらの概念は、英語では citizenship と nationality、フランス語では citoyenneté と nationalité と表現されている。こ

れらの概念は全面的に対応しているわけではないが、それでも広範囲にわたって対応している。

（20）この身分関係説と法律関係説との対立を仲介しているものとして、*Makarov*, Allgemeine Lehren des Staatsangehörigkeitsrechts, 2. Aufl. 1962, S. 21 ff.; *Kimminich*, in: *Dolzer/Vogel* (Hrsg.), Bonner Kommentar zum Grundgesetz, Art. 16 Rn. 4 ff. がある。

（21）ICJ Reports 1955, 4, 23 ―リヒテンシュタイン対グアテマラ（ノッテボーム）事件；このほかに参照されるものとして、ヨーロッパ裁判所、Slg. 1980, 3881, Rn. 10 ―ヨーロッパ委員会対ベルギー事件。国籍は、「権利義務に相互性がある」ときに、「当該国家に対して……特別の結合という関係」を有するものとされる。

（22）*Grawert*, Der Staat 23 (1984), 178, 182 ff., 197 ff.; *Preuß*, ELJ 1 (1995), 267, 269 ff.

（23）*Eder*, in: *Molho/Raaflaub/Emlen* (Hrsg.), City-States in Classical Antiquity and Medieval Italy, 1991, S. 169 ff.; *E. Isenmann*, Die deutsche Stadt im Spätmittelalter 1250–1500, 1988, S. 93 ff.

（24）*Lamoureux*, in: *Colas/Emeri/Zylberberg* (Hrsg.), Citoyenneté et nationalité, 1991, S. 55 ff.; *Brubaker*, Citizenship and Nationhood in France and Germany, 1992, S. 21 ff.

（25）*Marshall*, Citizenship and Social Class, 1949. この部分の出所は、*ders.*, Bürgerrechte und soziale Klassen, 1992, S. 33 ff. である。*Dahrendorf*, in: *van Steenbergen* (Hrsg.), The Condition of Citizenship, 1994, S. 10, 13.

（26）*Oestreich*, Geschichte der Menschenrechte und Grundfreiheiten im Umriss, 2. Aufl. 1978, S. 81 ff.; *Grawert*, Staat und Staatsangehörigkeit, 1973, S. 195 f.; 今日でも、ドイツ基本法第八条、第九条第一項、第一一条および第一二条第一項に定める基本権はドイツ人にのみ帰属する。

（27）Schlussakte zum Vertrag von Maastricht, Teil III 2. このほかにも参照されるものとして、Schlussfolgerungen des rates von Edinburgh, Bull EG 12/92, S. 25 ff.

（28）スペインとアルゼンティンとの二重国籍者がイタリアに居住しようとしていた事例については、*de Groot*, FS Bleckmann, 1993, S. 87, 94 f.

（29）*Europäisches Parlament*, Entschließung zur Unionsbürgerschaft, ABl. 1991, Nr. C 326/205; このほかにも参照されるものとして、*de Groot*, Staatsangehörigkeit im Wandel, 1989, S. 23 ff.; *O'Leary*, YEL 12 (1992), 353, 383 f.; *Sauerwald*, Die Unionsbürgerschaft und das Staatsangehörigkeitsrecht in den Mitgliedstaaten der Europäischen Union, 1996, S. 120 ff., 156 ff.

（30）参照されるのは、ヨーロッパ裁判所、Slg. 1992, I-4239 ff. – Micheletti である。

(31) 参照されるのは、*Kommission*, Dritter Bericht（前注(18)）, S. 8 Fn. 4 である。
(32) バイエルン行政裁判所、NVwZ 1999, 197.
(33) *Kommission*, Dritter Bericht（前注(18)）, S. 8；ヨーロッパ連合市民権の本質的な特徴は、それゆえ、それが「追加」だという点にある。参照されるのは、*Closa*, CML Rev 29 (1992), 1137 ff. である。一九世紀のドイツにおける公民権（Indigenat）との並行性については、*Hailbronner/Renner*, Staatsangehörigkeitsrecht, 2. Aufl. 1998, Einl. Rn. 50；*Hobe*, Der Staat 32 (1993), 245, 258 f.
(34) ヨーロッパ裁判所、Slg. 1997, I-3171, Rn. 23 — Uecker；これに反対しているものとして、*O'Leary*, CML Rev 32 (1995), 519, 528 f.；*Borchardt*, in：*A. v. Bogdandy*/S. *Kadelbach* (Hrsg.), Solidarität und Europäische Integration – Kolloquium zum 65. Geburtstag von Manfred Zuleeg, 2002, S. 9, 14 f.

第四章　ヨーロッパ連合市民権としての個別的権利

第一節　自由移動

ヨーロッパ共同体条約第一八条によれば、ヨーロッパ連合市民は、加盟諸国の領域上を自由に移動し、滞在する権利を有する。この権利はヨーロッパ連合市民権の中核を成している。というのは、この権利が他のすべての権利の前提となっているからである。ヨーロッパ共同体条約第一八条の存在意義は、経済的目的から設定された基本的自由を、格別の根拠を要しないヨーロッパ域内での一般的な自由移動へと拡大している点にある。しかし、基本的自由はどれも、自由移動に対して特別の保障を与えている。というのは、基本的自由は、ヨーロッパ共同体条約第一八条を経由し、さらにそれを乗り越えて、経済取引への参加を求める権利を認めるものだからである。[35]

自由移動を実体的に保護する範囲には、ある加盟国からの出国と他の加盟国への入国、さらにその入国した国の国内での移動、当該国での住所の取得および滞在、これらすべてが含まれている。自由移動を求める権利については実体的にも時間的にもなんら制限を設けてはならず、特に自国民が服していない制限を課してはならない。これに対して、求められている権利がその者に帰属するか否かを決定できるようにするため、国内法上、自国民であるか否かの識別基準を定めることは許されている。[36] 滞在許可証の提示を要求することが許されるのは、自国民にもそれを証明する義務があるときのみに限られている。[37]

さらに、自由移動を求める権利は、ヨーロッパ共同体条約第一二条との関連でみると、内国民待遇を広範に求める請求権の根拠にもなっている。[38] その適用範囲を予測することは難しい。学術文献では、滞在権との関連において自由移動を求める権利を実体的に限定することが必要だとされている。[39] こうした立場では、ヨーロッパ連合からみた外国人は、工場施設か休暇用家屋かということとは無関係に、土地所有権の取得に際して差別されてはならないこととなろう。

自由移動を求める権利の保護範囲に対する制限はヨーロッパ共同体条約第一八条第一項が言及する諸条件を通してしか行なうことができない。特に、生活資金が十分であるか否か、疾病保険による保護が十分に行き届いているか否かについての証明は、ここにいう内在的な制限に当たる。その結果、たとえば、他のヨーロッパ連合加盟国の国民がまだ仕事についていないとか失業中であるとかということをどのようにすれば証明できるかという点は、今後も第二次法およびこれに関して下される判例から明らかにされることとなろう。これと同じことは十分な資力を持たない旅行者の場合にもあてはまる。これら二つのケースでは、ヨーロッパ共同体条約第一八条はヨーロッパ連合市民の法的地位を拡張していない。さらに、この規定は、労働者の自由移動につき適用されるのと同一条件のもとに、居住移転の自由や役務提供の自由の分野でも適用される。たとえば、犯罪行為を理由に有罪判決を下すことでその者の国内での滞在を終わらせる措置が採られることがあるが、この場合でも厳格な要件が適用されている。というのは、基本的自由の場合と同じように、ここでも、比例性の原則が遵守されているからである。このようにみてくると、犯罪行為自体はより重大な理由として位置付けられなければならないのであって、自由移動に対する介入措置は適正に行なわれなければならない(40)。

自由移動を規律するために第二次法によって措置を採るときは、一九九三年のマーストリヒト条約発効当時まだ存在していなかったその他の制限を行なってはならない。認められているのは、種々の制限を緩和する措置だけである。

第二節　政治的権利

ヨーロッパ共同体条約第一九条によると、加盟国に滞在するヨーロッパ連合市民で、当該国に住所を有するがその国の国籍を持たない者は、地方自治体選挙の場合（ヨーロッパ共同体条約第一九条第一項）もヨーロッパ議会の選挙の場合（ヨーロッパ共同体条約第一九条第二項）も、住所地国で選挙権および被選挙権を有する。選挙権に関するこれら二つの保障は、ヨーロッパ連合法に対する関係をみると、違いがあることを表している。

地方自治体選挙権はヨーロッパ内での自由移動権という機能を持つものとして把握されている。この権利は、ヨーロッパ連合内で本国以外の住所地国での選挙権行使から生じるさまざまな欠陥を除去しようとするものであるが、同時に、この権利は、国家単位でみられる地域ごとの選挙権の平等をも意図したものであり、それゆえ、地方自治体選挙権は、意思形成それ自体の種類と内容をみると、なんら基準とはなっていない。憲法からみると国民が有する選挙権および公職へのアクセス権と市民たる地位とは密接に結び付けられている（ドイツ基本法第二〇条第二項、第三三条第二項との結び付きにおける第二八条第一項）が、いくつかの分野では、ヨーロッパ連合内で加盟国に認められている国家としての独自性（ドイツ基本法第二三条第一項）発揮の余地が考慮されている。

これに対して、ヨーロッパ選挙権は、権利主体の面では、ヨーロッパ連合機構法が有する民主主義的な性質を映し出している。ヨーロッパ選挙権は、国籍では区別せずヨーロッパ規模での有権者を視野に入れ、ヨーロッパ連合市民権を持つ者に対し、共通の政治的帰属意識を持つように促している。その憲法的な意味はヨーロッパという平面でそれが考えられているという点にある。

ヨーロッパ共同体条約第一九条について公布された第二次法は、加盟諸国に対し、一定の条件のもとで、例外的規律を行なうことを認めている。それは、特に困難な事情があるために、そうした例外的措置を講じることが正当とされるからである（ヨーロッパ共同体条約第一九条第一項第二文、第二項第二文）。当該地域の住民のうち、選挙権を有する住民の二〇パーセント以上をヨーロッパ連合市民が占めている国は、自国民に有利にするため、比例性の原則を維持して、ヨーロッパ連合市民の選挙権を一時的に制限してもよいとされている。(41)

ヨーロッパ共同体条約第一九条は、選挙権および被選挙権のほかにも、選挙権と関連する政治的権利を取り上げている。有権者には情報請求権および立会演説会参加権が与えられなければならない。候補者については、選挙権に付随する権利、たとえば選挙参加権が被選挙権と結び付けられている。この権利には、国家の責任と監督のもとに置かれているメディアへの無差別のアクセスを保障する権利や当選後に選出母体からの委任を実施する権利も含まれている。そのほか、ヨーロッパ基本権憲章は第一一条において自由な意見表明の権利および情報請求権を、また第一二条で集会結社の自由を求める権利を確認している。

地方自治体選挙権をもって、ヨーロッパ連合市民はそれぞれの加盟国内での政治的意思形成への参加の機会を最も下位の次元まで認められている。この規定がどのような実践的意義を有するかを考えようとすれば、この規定の採択が合意された一九九〇年代初期の移民数が考慮されるべきであろう。当時は、ヨーロッパ共同体の約三億二五〇〇万人のうち、五〇〇万人がその住所を本国以外に持っていた。ドイツで生活し就労していた、他の加盟国の国民は一三〇万人もおり、およそ二九万人のドイツ市民がドイツ以外の共同体加盟国に居住していた[42]。この数字の比率はその後もほとんど変わっていない[43]。国境を越えて住所を変更するときは、たいていの場合、地方自治体選挙権を失った。

地方自治体選挙権をヨーロッパ連合市民のために置き換えるに当たり、ドイツ基本法は変更を必要とした[44]。連邦憲法裁判所の判例および支配的見解によれば、国民は、ドイツ基本法第二八条第一項第二文に従い、地方自治体レヴェルで代表者を持たなければならない。そこにいう国民はドイツ基本法第二〇条第二項が定める目的からいえばドイツ民族（das deutsche Volk）と同義であり、その結果、立法機関についての選挙権はドイツ国籍と結び付けられている[45]。地方自治体レヴェルの住民代表機関について選挙が行なわれる場合、それでもこうした付帯条件は、ドイツ基本法が定める状態が変更後のまま固定されるということを意味しない（ドイツ基本法第七九条第三項）[46]。その主な理由は、そのことが国家法上は立法機関にではなく行政執行機関に負わされているという点にある[47]。ヨーロッパ連合市民のための地方自治体選挙権の憲法上の根拠は、一九九二年に、新しい形式のドイツ基本法第二三条をもって同時に導入された同法第二八条第一項第三文の中に十分に見出される。それゆえ、ヨーロッパ連合市民のための地方自治体選挙権はドイツの有権者の権利を侵害するものではない[48]。その細目は、ヨーロッパ共同体条約第一九条第一項を無効としないようなやり方で、地方自治体選挙権についての指令の中に規定されている。[49] その国内法への置き換え自体はこの間に終了しているが、置き換えの管轄権はラントのもとに置かれている。

ヨーロッパ議会についての選挙権に関していえば、当然のことであるが、ヨーロッパ議会のために直接選挙制度が導入された。この選挙と結び付けられているのはヨーロッパ連合市民権のみである。

このように住所地国において選挙権が付与されたことによって、「民族」という言葉のイメージもすっかり変わってしまった。ドイツで生活しているイタリア人女性がヨーロッパ選挙権を行使する場合、この者はドイツ民族に属することとなり、ヨーロッパ議会でドイツに帰属するポストを占める者をドイツ人と一緒になって決めていることになる（ヨーロッパ共同体条約第一九〇条第二項）。時として意外に感じられるかもしれないが、こうした結果は、加盟国ごとに議決権を割り当てるという原則を、ヨーロッパ連合が管轄権を有する諸分野のために、ヨーロッパ共同体が正当だとして設定した目標観念に合わせて調整したことによって生まれたものである。それでも、ヨーロッパ共同体条約第一九条第二項が意味する内容とその趣旨を国内法に置き換えるための諸規定は、次元を異にするがドイツ基本法第三八条第一項に対応した保障制度を構成する主観的要素の中に含まれている。ヨーロッパレヴェルと地方自治体レヴェルで認められたこれら二つの参加権がどの程度の価値を有するかは、それぞれの議会が有する権限の内容にかかっている。むしろ、ヨーロッパレヴェルの参加権と地方自治体レヴェルの参加権とは相互に対応させて考えるべきものである。というのは、加盟国議会が権限を喪失することによって国民が影響力を与えることができなくなるのに応じて、そこに生じる参加権の空白部分をヨーロッパ連合市民権が補充することとなるはずだからである。それゆえ、ヨーロッパ連合市民が有する選挙権の価値は、最終的には、ヨーロッパ議会がどのような権能を有するかにかかっていることとなろう。

ここで取り上げた政治的権利には、ヨーロッパ議会での請願権、代議員（オンブズマン）の職務の懈怠を理由に訴える権利、ヨーロッパ共同体条約第三一四条に挙げられている諸言語で書面により共同体の各機関に反論する権利（ヨーロッパ共同体条約第七条）、みずから選択した言語で解答を求める権利（ヨーロッパ共同体条約第二一条第三項）、これらが含まれている。さらに、ヨーロッパ共同体の諸機関に対して文書へのアクセスを求める請求権がある（ヨーロッパ共同体条約第二五五条、基本権憲章第四二条）。これらの権利は、公的な意見形成手続に参加するために必要な前提である。また一般社会が行政機関を統制するための方法も用意されている。

第三節　外交保護・領事保護を求める権利（ヨーロッパ共同体条約第二〇条）

ヨーロッパ共同体条約第二〇条は、すべてのヨーロッパ連合市民に対し、その者の本国が第三国に代表者を置いていない場合に、ヨーロッパ連合に加盟するその他の国が第三国において「外交保護・領事保護」を与えることを保障している。外交代表・領事代表機関相互間での協力はすでに現行の国際法上も行なわれており、こうした協力は共通外交政策・安全保障政策の一部を成している（ヨーロッパ連合条約第二〇条）。ヨーロッパ共同体条約第二〇条は、すべてのヨーロッパ連合市民のためにヨーロッパ連合加盟諸国が共通の責任を負うことを述べている。

ヨーロッパ共同体条約第二〇条第二文において、加盟諸国は、必要とされる国際法上の歩みを行なう旨を合意していた。しかし、ヨーロッパ共同体条約第二〇条は、政府間でこうした行動をとる余地が生まれたからといって、すぐに直接的効果を有するわけではない。加盟諸国の政府代表は諸国が共通の具体的行動をとる旨をヨーロッパ理事会で合意してきたが、それでも、そうした具体的行動はなお加盟国の国内法への受入手続を必要とする。(50) それゆえ、ヨーロッパ共同体条約第二〇条において約束された請求権には、依然として、法的拘束力が欠けている。これに加えて、ヨーロッパ連合内部で措置を採るためには、そのつど第三国の同意が必要となる。というのは、外交保護・領事保護は、第三国に対する関係では、定められたとおりのやり方で有効とされなければならないからである。

ヨーロッパ共同体条約第二〇条の保護目的は、ヨーロッパ連合加盟国の国民で本国や住所地国を除く第三国にいる者を、自国民に適用されるのと同一の条件で、保護し救済するという点にある。そこで考えられていたのは、とりわけ、緊急度の高い事態、たとえば、証明書や旅行許可文書の紛失後に行なわれる援助であった。今日、遠隔地への観光旅行という現象が大量にみられることを考えれば、その実践的な意味は決して少ないものではない。マーストリヒト条約発効当時、該当する国はわずか五か国だけであったが、ヨーロッパ連合加盟のすべての国がこれら五か国に代表機関を持っていた。また、一七か国では、ヨーロッパ連合に加盟する一五か国中の二か国しか代表機関を持っていなかった。[51] それゆえ、この制度の重要性は将来さらに大きくなろう。というのは、ヨーロッパ共同体条約第二〇条は、加盟諸国に対し、現に存在する代表機関を撤廃し節約を図ることを可能としているからである。ヨーロッパ連合市民およびヨーロッパ連合加盟国に属する私法上の法人という概念で保護される範囲は、人的な視点から規定されている。もちろん、ここでは一般国際法によりある種の制限が加えられている。たとえば、国籍は実効的でなければならないという点がそうである。二重国籍者が二つある本国のうち任意の一方に対してのみ外交的保護を求めることは長い間不可能だとされてきた。というのは、少なくとも、保護を求める原因となった加害行為を行なっている国の国籍が実効的国籍であるときは、そうした国の外交的保護を認めることには問題があるからである。

出身国以外の加盟国により与えられる保護は、制度上、補完的なものである。出身国が代表機関を有している場合、外交保護権行使における優位はこの者の出身国に与えられる。ヨーロッパ連合加盟のその他の国は出身国の同意がなければ保護活動をすることはできないし、保護を求める者は他の加盟国では選挙権も持てない。もちろん緊急の場合には、は実効的な処理がなされなければならない。たとえば、ヨーロッパ連合のある加盟国が人里離れた辺地に領事館を持っているが他の加盟国がその地に領事館を持っていない場合において、保護を求める者の本国の職員が適時にそこに来ることができないときは、この加盟国は、おそらくは本国の了解を得て、必要な援助を与えなければならないであろう。

第四節　ヨーロッパ連合市民権と国籍差別禁止（ヨーロッパ共同体条約第一二条）

ヨーロッパ連合市民が有する権利の多くについては、自国民の法的地位とヨーロッパ連合の他の加盟国国民のそれとを対等にすることが意図されている。それゆえ、ヨーロッパ連邦市民権は、ヨーロッパ共同体条約第一二条に一般的な形式で定められているが、国籍を理由とする差別の禁止と直接に関連している。しかしながら、たとえ、ヨーロッパ連合市民が有する権利と一般的な国籍差別禁止の根底に共通の法的思考があるという理解がもっともであるとしても、ヨーロッパ共同体条約第一七条以下の諸規定が同条約第一二条に対してどのような関係にあるかという問題は厳密に考察されなければならない。

ヨーロッパ共同体条約第一二条によれば、「この条約に特段の規定がある場合を除き、……この条約の適用範囲内では、国籍を理由とするいかなる差別も禁止される」。つまり、この差別禁止規定により保護される内容はヨーロッパ共同体条約の適用範囲に関わっているが、それでも、平等原則の特則には及んでいない。ヨーロッパ連合市民権に関する諸規定はヨーロッパ共同体条約第一二条の「適用範囲」に入る。他方で、ヨーロッパ共同体条約第一七条第二項で言及されている「この条約中に定められた権利義務」にはヨーロッパ共同体条約第一二条が定めるものも含まれている。このことからヨーロッパ裁判所は、いずれかのヨーロッパ連合加盟国の領域上に適法に滞在するヨーロッパ連合市民は、ヨーロッパ共同体法の実体的適用範囲に含まれるすべての事案において、ヨーロッパ共同体条約第一二条を援用することができるという結論を引き出していた。(52) こうした考えから導き出される結果は広い範囲に及んでいる。

ヨーロッパ連合法は、従来、社会的権利の取得を、権利を行使する者が特定の時点に当該加盟国において生活能力を有していること、または、この者に従属する者であることという要件と結び付けていた。この要件は、ヨーロッパ連合市民で、教育を受ける者、求職者または退職者の場合にもそのままあてはまる。ヨーロッパ裁判所は近年の裁判例において、社会保障制度の枠内で給付される給付と基本的自由との関連で滞在資格に基づき給付されるその他の優遇措置とを結び付けるに当たり受給者の取り分が少なくなるように調整し、ヨーロッパ連合市民権に触れるときは、その者の滞在が適法であることを求めている。このことを特に明確に判示しているのはマルティネス・サラ事件の裁判である。(53)

本件原告は一九五六年に生まれたスペイン人女性で、一九六八年以来、ドイツに住んでいた。原告はドイツでいろいろな補助業務を仕事としていた。一九八九年以降、原告は社会扶助を受けていた。原告は一九八四年まで滞在許可証を持っていたが、その後は、滞在許可証の期間延長を申請するための証明書しか持っていなかった。一九九三年一月、原告はバイエルン自由州に対して同月に生まれた子供のための養育費支給を申請した。ドイツ法上このような給付は、みずからが監護権を有する子供と生計を一にし、その子供を養育し、しかも、まったく生活能力がないか十分な生活能力がない者に対してしか認められていない。バイエルン自由州は、滞在許可証がないという理由で、この申請を退けた。というのは、当該法律では、申請を認めるために住所または常居所が共和国内にあること、外国人については滞在権または滞在許可証があることが要件とされていたからである。ヨーロッパ経済共同体規則一六一二／六八号によれば、加盟国の国民である労働者は皆、社会保障法上も租税法上も自国の労働者とまったく同一の優遇措置を受けることができる。ヨーロッパ経済共同体規則一四〇八／七一号によれば、この法的地位の同一性は家族に対する給付にも適用される[54]。

ヨーロッパ裁判所にとって、ヨーロッパ共同体条約第一八条が定めるヨーロッパ連合市民の滞在権が本件のような滞在権をすでにはっきりと成立させているといえるかどうかという問題は、重要とはみなされなかった。判決理由に述べられた法律構成によると、本件のような滞在許可証はヨーロッパ共同体法に基づいて与えられるのではなく、ドイツ法上の規定に基づいて与えられる。それゆえ、滞在許可証の申請者は、ドイツ法上の当該規定によって初めて、所定の行政手続期間を経て特別の滞在許可を得ることができるのである。

しかしながら、ヨーロッパ連合市民の保護範囲を定めるためにヨーロッパ共同体条約第一八条が行なっている留保は決して些細な問題ではない。前述のように、これらの指令は、滞在権の取得要件を、基本的自由の適用範囲外のものとし、生活資金が十分にあり疾病保険による保護も受けられることとしている。それゆえ、加盟国は、自国内での滞在を終了させる措置を採ることと社会福祉の必要性とを結び付けることを妨げられていない[55]。ヨーロッパ共同体条約第一八条を直接適用することができるということも、なんらこうした結論を変えるものではない。ここで大切なのは、母国以外のヨーロッパ連合加盟国に適法に滞在する連合市民が、内国民よりも劣悪な状況に置かれないということである。こうした制限はあるにせよ、ヨーロッパ連合市民は、社会保障を求める基本権において取扱いの同一性を求める請求権を有している。

ヨーロッパ裁判所はグルゼルチク事件の裁判においてこのような路線に従っている。この事件では、ベルギーの大学で学ぶフランス人学生が三年間は自費で生活していたが、四年目に入って、試験準備のため自活することができなくなっていた。そこで、彼は、ヨーロッパ共同体条約第一二条および第一七条に基づきベルギー法に従って、最低限度の生活費の保障を求める請求権を主張した。しかし、この事案では、給付の必要性が事後的に発生していた上、しかも一時的な性質のものであったので、滞在権の終了によって社会扶助を求める要請を自動的に打ち切るということにはならなかった(56)。

社会保障法以外でも、ヨーロッパ連合市民権と差別禁止との結び付きから、右に述べたような帰結を引き出すことができる。最も重要な例は母語での手続を求める権利である。ビッケルおよびフランツ事件で、ヨーロッパ裁判所は、ドイツ人被疑者とオーストリア人被疑者が、イタリアのトレンティーノ・南チロル地区で開始された刑事手続でドイツ語が採用されるよう求める請求権を有するか否かという問題について裁判しなければならなかった(57)。この地域で行なわれているイタリア法はドイツ語圏の民族グループに属する者に対しこのような請求権を与えていた。そこで、ヨーロッパ裁判所は、イタリア国籍を持たずドイツ語を話すヨーロッパ連合市民で、ボーツェン地区に住所を有する者が右の請求を拒否された点にヨーロッパ共同体条約第一二条に対する違反があると判断した。刑法がヨーロッパ共同体条約の実体的適用範囲内に含まれていないということ（ヨーロッパ共同体条約第一二条参照）をここで基準とすることはできない。というのは、同裁判所は、共同体法の適用上必要とされる結び付きを（受動的な）サーヴィス受給の自由のほか、ヨーロッパ共同体条約第一八条による滞在権の中にも見出していたからである。こうした視点が一度見出されてしまうと、イタリア国民の取扱いとドイツ語を母語とする他のヨーロッパ連合市民のそれとの取扱いを区別するためには、別のしかるべき実質的な理由付けが必要となる。しかし、本件の場合、そのための実質的理由は、少なくとも、南チロル地方に住む少数者の権利の保護という点にはなかった。それは、言語に関するこうした権利の他の者への拡張を禁止する措置は、少数者の権利を守る上で適切でもないしその必要もなかったからである。さらに、自分の母語での手続を求める権利を保障するためにその人的適用範囲を拡大すると特別の困難が生じるということも述べられていなかったので、裁判所はこのような不平等取扱いを正当としなかった。

このように、ヨーロッパ共同体条約第一八条と結び付いた同第一二条で定められた差別の禁止は、包括的な一般条項である。ここにみたように、加盟国領域内に適法に存在しているときにしか国内法が適用されないとすると、差別の禁止を問題とすることができなくなりかねない[58]。もちろん、これを一般化しようとすれば、慎重さが求められよう。ヨーロッパ共同体条約第一八条を同第一二条の平等原則と結び付けるだけで、必然的に、すべてのヨーロッパ連合市民の法的地位の同一性を引き出すことができるというわけではない。それでも、表面に現れないものをも考慮する余地があることは、ヨーロッパ裁判所の最近の裁判例でも示されているとおりである。

(35) 参照されるのは、ヨーロッパ裁判所、Slg. 1996, I-929, Rn. 22 — Skanavi である。

(36) ヨーロッパ裁判所、Slg. 1999, I-6207 ff. — Wijsenbeek.

(37) ヨーロッパ裁判所、Slg. 1998, I-2133 ff. — ヨーロッパ委員会対ドイツ事件。

(38) 参照されるのは、ヨーロッパ裁判所、Slg. 1998, I-2691, Rn. 32 – Martínez Sala である。

(39) *Kluth*, in: *Calliess/Ruffert*, Kommentar zum EU/EG-Vertrag, 2003, Art. 18 EGV Rn. 5；これに反対しているのは、*Hilf*, in: *Grabitz/Hilf* (Hrsg.), Das Recht der Europäischen Union, bearb. 2001, Art. 18 EGV Rn. 7 である。

(40) 参照されるのは、麻薬保持を理由にイタリア人女性に対して行なわれたギリシアへの終身入国禁止措置の事例、ヨーロッパ裁判所、Slg. 1999, I-11, Rn. 15 ff. — Calfa である。その判決理由では、ヨーロッパ連合市民が有する自由移動に触れることなく、基本的自由を主張する可能性が将来においてまったくないことだけが根拠とされていた。しかし、これと異なる事案、二〇〇四年四月二九日判決、Rs. C-482/01 および C-493/01, Rn. 65 — Orfanopoulos 事件および Olivieri 事件はまだ判例集に収録されていない。

(41) 参照されるのは、指令九三／一〇九号第一四条第一項、ABl 1993, Nr. L 329/34（ヨーロッパ選挙権で、ルクセンブルクに関わる）、指令九四／八〇号第一二条第一項、ABl 1994, Nr. L 368/38（地方自治体選挙権で、ルクセンブルクおよびベルギー国内の若干の自治区に関わる）である。

(42) *Degen*, DÖV 1993, 749.

(43) *Kommission*, Dritter Bericht（前注(18)）, S. 18.

(44) フランスにおける憲法改正については、*Kovar/Simon*, CDE 1993, 285, 304 ff.；スペインについては、*Lopez Castillo/Polakiewicz*, EuGRZ 1993, 277 ff.；ポルトガルについては、*Lopes Marinho*, in: *Laursen/Vanhoonacker* (Hrsg.), The Ratification of the Maastricht Treaty, 1994, S. 231 ff.；その他のヨーロッパ連合加盟国における国内法への置き換えについては、*Hasselbach*, ZG 1997, 49, 64 ff.

(45) BverfGE 83, 37（シュレースヴィッヒ・ホルシュタイン州の外国人選挙権）；83, 67（ハンブルク）；*Isensee/Schmidt-Jorzig*, Das Ausländerwahlrecht vor dem BverfG, 1993；このほかこれに関して参照されるのは、*Doehring*, FS Kutscher, 1981, S. 109 ff.；*Quaritsch*, DÖV 1983, 1 ff. である。

(46) 参照されるのは、BverfGE 83, 37, 59；連邦憲法裁判所、NVwZ 1998, 52 である。

(47) 参照されるのは、BverfGE 65, 283, 289 である。

(48) 参照されるのは、連邦憲法裁判所、NVwZ 1998, 52 である。

(49) *Fischer*, NVwZ 1995, 455 ff.；*Schrapper*, DVBl 1995, 1167 ff.

(50) 参照されるものとして、外交代表・領事代表機関によるヨーロッパ連合市民の保護に関する決議九五／五五三号、ABl. 1995, Nr. L 314/73；領事により適用される実施規定に関する決議（未公刊）、帰路証明書の発行に関する決議九六／四〇九号、ABl. 1996, Nr. L 168/4. これらの決議はその内容が限定的であるために批判されている。これらの決議を共同体法違反であるとするのが、*Ruffert*, AVR 35 (1997), 459, 466 ff. である。

(51) *Kommission*, Zweiter Bericht über die Unionsbürgerschaft, COM (1997), 230 final S. 11.

(52) ヨーロッパ裁判所、Slg. 1998, I-2691, Rn. 63 ff. — Martínez Sala.

(53) Ebd.（前注(52)）。

（54）家族に対する給付については、労働者、自由業者またはこれらの者の家族であって、共同体内でいずれかの加盟国内に入ってくる者またはいずれかの加盟国から出て行く者に対する社会保障制度の適用に関する規則（一四〇八／七一号）第四条第一項h号、ABl. 1971, Nr. L 149/2（現行の形式は ABl. 1999 Nr. L 38/1 である）；この中には養育費も含まれている。これについて参照されるのは、ヨーロッパ裁判所、Slg. 1996, I-4895 ff. — Hoever und Zachow；共同体内における労働者の自由移動に関する規則（一六一二／六八号）第七条第二項（ABl. 1968, Nr. L 257/2（現行の形式は ABl. 1992, Nr. L 245/1 である））による社会的優遇措置という概念への分類については、ヨーロッパ裁判所、Slg. 1993, I-187, Rn. 21 — ヨーロッパ委員会対ルクセンブルク事件。

（55）***Borchardt***（前注(34)）, S. 15 ff. は、いわゆる濫用の場合、すなわち、自国での給付よりも高額の社会給付を得るために滞在権が利用されているような場合に限って、この種の対抗措置を採ることを許容している。これよりも適用範囲を狭くしているのは、***Randelzhofer/Forsthoff***, in: ***Grabitz/Hilf***（前注(39)）, Art. 39 EGV, Rn. 193 である。

（56）ヨーロッパ裁判所、Slg. 2001, I-6193、Rn. 34 ff. — Grzelczyk；このほか参照されるものとして、Slg. 2002, I-6191, Rn. 27 ff. —D'Hoop がある。

（57）ヨーロッパ裁判所、Slg. 1998 I-7637、Rn. 16, 23 ff. - Bickel & Franz；これについての評釈として、*Gattini*, Riv. Diritto Internazionale 82 (1999), 106 ff.；*Novak*, EuZW 1999, 84 f.

（58）氏名法の分野での例について参照されるのは、ヨーロッパ裁判所二〇〇三年一〇月二日判決、Rs. C-148/02 – Garcia Avello である；ヨーロッパ裁判所の近年の裁判例を批判しているものとして、*Hailbronner*, NJW 2004, 2185 ff. がある。

第五章　評　価

ヨーロッパ連合市民権から引き出される帰結をどこまで及ぼすことができるだろうか。この点に対する評価はいろいろである。ある者は、ヨーロッパ共同体条約第一七条以下の諸規定はシンボルのような象徴としての性質を持つにすぎず、これらの規定がなくても共同体法上の地位は認められており、その点で実質的な変更はないという趣旨の批判を行なっている(59)。他の者は、経済に依存しない個々人の権利に関する規定をヨーロッパ共同体条約の中核に置き、これこそヨーロッパ市民たる地位の憲法規範化へ向けた一歩であるとして、これを積極的に受け止め歓迎している(60)。このように反響が異なっていることもあって、今日に至るまで、なんら事態は変わっていない。どのような関連性を選ぶかに応じて結論も異なっている。実定法の内容に目を向け、またその内容の実現にも目を向けて分析すると、国民の地位との並行性を志向する見方とは違う結果を引き出すことができよう。

主権の行使を正当化する立場を引き続き考慮しようとすれば、ひとつの契機として、地域的レヴェルでもヨーロッパのレヴェルでも、住所地で選挙権を認めることに意味があろう（ヨーロッパ共同体条約第一九条）。地域という視点もヨーロッパという視点も、ともに、主権が国家的性質を有するという理解を概念的に覆すものである。これらの視点を考慮すれば、これまで加盟国により異なって理解されていた「能動的市民権」という概念を、ヨーロッパ連合内部で国籍に代わって、適法な資格を付与する単位として法的に用いることができよう。

最後に、かなり重要な効果として、ヨーロッパ裁判所の判例を通して形成されてきた、ヨーロッパ連合市民権と一般的な国籍差別禁止との結び付き（ヨーロッパ共同体条約第一二条）を挙げることができる。国籍差別禁止は、内国民待遇という考えを、法によりその適用対象とされた範囲を越えて、社会的および文化的な権利へと移し変えたものである。たとえこの権利が自国で発生したという意味でオリジナルなものではなく、いずれか他の加盟国に適法に滞在していたことから成立しているとしても、政治的権利の場合と同様に、共同体法により与えられた個別的権利が志向する目的を純粋に経済的なものに限定して捉えようとする見方はすでに克服されてしまっている。

このほかにもヨーロッパ連合市民権についていろいろな可能性を考えることができるが、いつでも示されているのは、国民の権利と並行させて考察する必要があるという点である。国民の地位と同様に、ヨーロッパ連合市民権は、権利に関する一種の集合概念であり、全体としてひとつの法的地位を表している。自由移動、政治的権利、そして外交的保護、これらは長い間自国民だけに留保されていた。それゆえ、ヨーロッパ共同体条約第一七条以下の諸規定には、こうした視点からみて、シンボルとなるような保障が多く含まれている。社会的権利も、少なくとも歴史的にみると、国民の権利であり、その結果、裁判例を通じてこれを他のヨーロッパ連合加盟国の市民へと拡大することは、ヨーロッパ共同体条約第一七条以下の諸規定の背後にある思想に沿ったものだといえよう。ヨーロッパ共同体条約第一九条第二項がその根底にヨーロッパ議会のための有権者というアイディアを持っていたということも、ヨーロッパ連合市民権が国民の地位を補完する機能を有することを示している。というのは、有権者の決定はヨーロッパ連合への所属と住所のみによって行なわれているからである。

確かに、ヨーロッパ連合市民の法的地位と国民が有する包括的な地位との間にはここにみたような並行性があるが、そうだからといって、ヨーロッパ連合市民権を国民が有するすべての権利義務と質的に比較できるわけではない。それでも、ヨーロッパ連合市民権に統合したかたちで組み込まれている権利は、ヨーロッパ連合と加盟国との間で、個人に対する責任をどのように区分するかということを表現したものとなっている。

(59) *Jessurun d'Oliveira*, in: *Dehousse* (Hrsg.), Europe after Maastricht: An ever closer Union?, 1994, S. 126, 135 ff.; *O'Leary*, European Union Citizenship. The options for reform, 1996, S. 44 ff.; *Weiler*, in: *Winter* u.a. (Hrsg.), Reforming the Treaty on European Union. The Legal Debate, 1996, S. 57, 65 ff.

(60) *O'Keefe*, in: *ders./Twomey* (Hrsg.), Legal Issues of the Maastricht Treaty, 1994, S. 87, 107.

ヨーロッパ憲法条約以降の共通外交政策

Die gemeinsame Außenpolitik nach dem Verfassungsvertrag

目次

第一章　はじめに

ヨーロッパ憲法条約は、ヨーロッパ連合の共通外交政策・安全保障政策に関して、少なくとも七回にわたり、ヨーロッパ連合加盟諸国が連帯義務を負っていることを強調している。この連帯義務はヨーロッパ連合に対する一般的な忠誠義務（第一編第五条第二項）からいわば必然的に生じているものである。[1] しかし、この一般的な忠誠義務自体にそもそも問題のあることがすでに明らかになっている。

二〇〇三年三月、ヨーロッパ連合の共通外交政策・安全保障政策は深刻な危機に陥った。[2] その最初の兆候が現れたのは、二〇〇二年夏、すなわち、ドイツ連邦共和国のシュレーダー首相が一方的に対イラク政策を決定し、そのことによってヨーロッパ連合に対する忠誠義務（ヨーロッパ連合条約第一一条第二項）に違反したときであった。これと同じことは、アメリカ合衆国が行なったイラクへの介入措置に対する参加をイギリスが一方的に決定したときにもあてはまる。というのは、イギリスの参加によって、ヨーロッパ連合の他の諸国はこれと内容を異にした「共通の立場」をとることができなくなってしまったからである。[3] その結果、連合王国、スペインおよびイタリアの三か国と、ドイツ、フランスおよびベルギーの三か国との間に軋轢が生じた。こうした軋轢が生じたことによって、この問題に関してヨーロッパ連合には共通の外交政策が存在しないということが決定的に明らかになったのである。

こうした様子をみて、「ヨーロッパ連合共通外交政策・安全保障政策は破綻した」として、あたかも弔辞を捧げるかのように、今この段階で共通外交政策・安全保障政策に対して総括的な評価を行なおうとすることは、しかしながら、時期尚早であろう。というのは、バルカン地域における最近のできごととの関連でも示されているように、「患者」、つまり、共通外交政策・安全保障政策はまだ「生存」しているからである。イラク危機もまだ終わってはいないことを考えれば、現時点で、ヨーロッパ連合の共通政策がどのようなものであったかを振り返って回想すること自体、まだ不可能であるといわなければならない。ヨーロッパ憲法条約が示しているのは、過去の過ちから学ぼうとするひとつの試みなのである。

以下では、まず、共通外交政策がこんにちどのような構造を持っているかをごく大まかに整理しよう（第二章）。その目的は、憲法条約を作成した憲法協議会が作業を行なう上で前提としなければならなかった法的諸条件を明らかにすることにある。それに続けて、そこでの欠陥と問題性が示されなければならない。というのは、これらを解決しなければ共通外交政策を強化することができないからである（第三章）。これらを前提として、憲法条約における新しい規定を紹介し（第四章）、最後に、それらに対する評価を行なうこととしよう（第五章）。

（1）第一編第一六条第二項、第一編第四〇条第一項および第五項第四文、第一編第四三条、第三編第二九四条第二項第一文および第二文、第三編第三〇〇条第一項第二項目第二文、第三編第二三一条。第一編第二条、第一編第三条第四項は考慮されていない。以下の説明で基礎に置かれているのは二〇〇四年一〇月二九日の形式におけるものである、ABl.C 310/1. 引用条文のうち、追加的表示のないものは、ヨーロッパ憲法条約に関する条文である。

（2）*R. Crowe*, A common European foreign policy after Iraq ?, International Affairs 3/2003, 533 ff.

（3）*W. Kaufmann-Bühler*, in : *W. Grabitz/M. Hilf*, Das Recht der Europäischen Union, Art. 11 Rn. 7 (Kommentierungsstand 22. Lfg. 2003) ; *F. Mayer*, Angriffskrieg und europäisches Verfassungsrecht, AVR (Archiv des Völkerrechts) 41 (2003). 394 (400 ff.).

第二章　現状分析

第一節　制度的制約

ヨーロッパ連合の外交政策活動は、次の二つの制約に服している。これらの制約があることによって、ヨーロッパ連合の外交政策活動の構造は幾分か分かりにくいものとなり、また加盟諸国間での衝突も生じやすくなっている。第一の制約は、第一の柱と第二の柱というように権限に区分が設けられていることである。第二の制約は、これら二本の柱と加盟諸国との関係に関するものである。

第一の柱と第二の柱というように権限が二分されているのは、ヨーロッパ統合の過程が二元的に行なわれてきたことによる。広義の経済問題に向けられた一連の外交権限がヨーロッパ共同体に属するのに対して、グローバルな規模で行なわれる政策の形成は、単純化していえば、加盟諸国政府間の協力に基づいて行なわれている。このような二元性があるために、それぞれの権限が及ぶ範囲を相互に限界付ける必要性が生じることとなった。その結果、一方で、ヨーロッパ共同体条約上のさまざまな権限を行使するよう委任を受けているヨーロッパ委員会と、他方で、共通外交政策・安全保障政策について責任を負うヨーロッパ理事会および閣僚理事会との間で、競合するそれぞれの権限を統合するひとつの可能性が示されている。

ヨーロッパ連合において共通外交政策・安全保障政策の分野で行なわれる政府間協力は、いつもそうであるが、加盟諸国が有するさまざまな個別利益相互の間で、絶えざる緊張関係に立たされている。一九七〇年代初頭以降の共通外交政策・安全保障政策の進展にみられる特徴を挙げれば、加盟諸国間で調整を行ないながら協同作業を進める必要性のあることが繰り返し主張されていたにも拘わらず、加盟諸国は自国の実質的な権限を放棄してこなかったという事実がある。

以下では、ヨーロッパ連合の構造に関わるこれら二つの特徴について立ち入って考察しよう。

第二節　ヨーロッパ連合共通外交政策・安全保障政策の条約上の構造

一　ヨーロッパ共同体

ヨーロッパ共同体は超国家的に統合された分野で一連の権限を有している。ヨーロッパ連合の外交政策活動にとって特に重要なものは、共通関税通商政策（ヨーロッパ共同体条約第一三三条第三項、第六項）、統合推進政策（ヨーロッパ共同体条約第一八一条）、それに、第三国および第三者組織との間での連携（ヨーロッパ共同体条約第三一〇条）である。このほか、ヨーロッパ共同体の対外的な権限の保有が明示される分野や実質的な必要性からみて争いがない分野として、農業政策（ヨーロッパ共同体条約第三四条、第三七条）、漁業政策（一九七二年の加入文書第一〇二条）、資本取引（ヨーロッパ共同体条約第五七条第一項）、交通政策（ヨーロッパ共同体条約第七一条第一項）、教育政策（ヨーロッパ共同体条約第一五一条第三項）、公衆衛生政策（ヨーロッパ共同体条約第一五二条第三項）、研究および技術発展（ヨーロッパ共同体条約第一七〇条）、環境政策（ヨーロッパ共同体条約第一七四条第四項）、これらがある。ヨーロッパ原子力共同体は対外関係でも核燃料処理（参照されるのは、ヨーロッパ原子力共同体条約第七三条、第一〇三条である）に配慮している。さらに、不文ではあるが、ヨーロッパ裁判所のいわゆるＡＥＴＲ事件判決(4)によって、ヨーロッパ共同体にも外交権限が与えられている。これによれば、ヨーロッパ共同体の重要性を考慮してヨーロッパ共同体が対外的にひとつの単位として登場するよう域内の権限が形成されているときはいつでも、黙示的ではあるが、ヨーロッパ共同体が意のままに行動する権限を有する。(5)

ヨーロッパ共同体の権限が対外的事項に関するものであるところから、国際的舞台においてヨーロッパ共同体の役割が一段と強化されるという結果が生まれた。ヨーロッパ共同体は世界中に一二八か所の外交代表部を有するだけでなく、グローバルな規模での交渉過程（ヨーロッパ安全保障・協力機構、国連貿易開発会議の場合がそうである）や会議に参加し、(6)さらに、いろいろな国際組織の活動にメンバー(7)として、また常任もしくは非常任のオブザーバー(8)としても関わっている。

このようにみると、ヨーロッパ共同体の国際法上の法主体性（ヨーロッパ共同体条約第二八一条）には、ヨーロッパ共同体が国際的次元で登場する際に必要な多くの能力が含まれていることが分かる。たとえば、あらゆる種類の宣言を行なう能力、特に国際法上の条約締結能力（ヨーロッパ共同体条約第三〇〇条）および国際組織における権利行使能力（ヨーロッパ共同体条約第三〇二条）、能動的および受動的な代表派遣に関する権利、さまざまな制裁を貿易取引ならびに資本取引および支払流通に転換する権能（ヨーロッパ共同体条約第六〇条）、これらがそうである。

これらの分野においてヨーロッパ共同体に配分されている内部的な権限は、ヨーロッパ共同体の意思決定手続に関する基準のうち、外交問題に関する修正済み基準に基づく（ヨーロッパ共同体条約第三〇〇条）。これによれば、まずヨーロッパ委員会が勧告を提出し、次に、ヨーロッパ理事会による授権がなされ、その後に実際の交渉が行なわれる。形式的な締結は、ヨーロッパ議会の関与を経て、ヨーロッパ理事会により行なわれる。(9)これに対して、特にヨーロッパ共同体の共通通貨政策（ヨーロッパ共同体条約第一一一条第三項）については状況が異なる。それは、共通通貨政策についてもヨーロッパ理事会が同様に最終決定権を有するが、しかし、決定的な影響力を持っているのはヨーロッパ中央銀行だからである[10]。それゆえ、多くの分野では、ヨーロッパ委員会の発議権および条約締結手続における同委員会の地位を理由として、ヨーロッパ委員会に対し本質的な重要性が与えられている。

二　ヨーロッパ連合

ヨーロッパ連合が採用する一般的な外交政策、それゆえ、こんにちの形式におけるヨーロッパ連合共通外交政策・安全保障政策は、ヨーロッパ共同体が経済的な行為主体としてのみならず政治的な行為主体としてもさまざまな力を束ね、その重みを有効に働かせるべきであるという主張から生まれてきたものである。ヨーロッパ連合は「国際的次元での一体性」を主張しようとしている（ヨーロッパ連合条約第二条）。実体的にみてグローバルな内容を持つこの主張は、ヨーロッパ連合が掲げる目標のカタログに表現されているが、そこでの表現はきわめて曖昧に書かれている（ヨーロッパ連合条約第一一条）。このカタログでは、共通の価値および利益の主張、国連憲章と内容上合致するヨーロッパ連合の独立性と完全無欠性、ヨーロッパ連合における安全保障の強化、平和の主張と国際安全保障の強化、国際協力の推進、民主主義・法治国家の進展と強化、人権・基本的自由の遵守、これらが挙げられている[11]。

これらの分野ではヨーロッパ連合の中心機関であるヨーロッパ理事会（ヨーロッパ連合条約第四条）が一般的な基本方針および閣僚理事会の勧告に基づいて戦略を決定している（ヨーロッパ連合条約第一三条第一項および第二項）。閣僚理事会は共通行動を通して活動し（ヨーロッパ連合条約第一四条）、共通の立場を決定する（ヨーロッパ連合条約第一五条）。国際法上の諸条約は同理事会を通じて締結されるようになっており、かつ実際にもそのようにして締結されている。

条約締結交渉を主導するのは議長である（ヨーロッパ連合条約第二四条）[12]。理事会を補佐するのは、常設代表から成る委員会と政治・安全保障委員会である（ヨーロッパ連合条約第二五条）。これら二つの委員会はともにヨーロッパ理事会の下部機構を成している。ヨーロッパ理事会が決定する上で必要となる準備と個々の判断の実施は、事務総長の責務である。事務総長は同時に共通外交政策・安全保障政策の上級代表でもある（ヨーロッパ連合条約第二六条）。

ヨーロッパ委員会の関与は、ヨーロッパ委員会委員長がヨーロッパ理事会のメンバーであるとき（ヨーロッパ連合条約第四条）、さらに、ヨーロッパ委員会がヨーロッパ理事会の外交を代表するとともにその実施に協力するとき（ヨーロッパ連合条約第一八条第四項）、そして、条約締結交渉に際して委員長が参加を求められる可能性があるとき（ヨーロッパ連合条約第二四条）、これらに限られている。ヨーロッパ議会は、一般的な聴聞権を有するだけで、附随的な役割しか負っていない（ヨーロッパ連合条約第二一条）。

以上から明らかなように、ヨーロッパ連合共通外交政策・安全保障政策というのは、制度化された会議体組織とヨーロッパ理事会を支える下部構造とを意思決定手続の中に包摂したひとつの方法を指しており、この方法を介して加盟諸国間で政策調整が行なわれている。重要な判断は全員一致でなされなければならない。例外が認められる場合はきわめて限られており、防衛政策に関する事項について決議される場合、例外はまったく認められない（ヨーロッパ連合条約第二三条第一項および第二項）[13]。このような政府間での構想に基づいて、右の手続を経て起草された決議が国際法としての性質を有することとなる[14]。

しかし、このことから必然的に「共通外交政策・安全保障政策では古典的な会議外交術を必要とする」という結果が導かれるわけではない。ヨーロッパ連合条約は、加盟諸国ではなく、ヨーロッパ連合自体が独立した行動主体であることを明らかにしている（ヨーロッパ連合条約第一一条、第一二条、第一五条、第一七条、第一八条）。加盟諸国が登場する場面は、加盟諸国による協議・調整が期待されるとき（ヨーロッパ連合条約第一六条、第一九条、第二〇条、第二三条第一項第二項目第二文）、加盟諸国が発議権を行使できるとき（ヨーロッパ連合条約第二二条）、または、特別の利益を主張する権利が加盟諸国に帰属するとき（ヨーロッパ連合条約第二四条第五項、第二七ｃ条）、これらに限られている。

それゆえ、厳密にみると、共通外交政策・安全保障政策のこうした構造は純粋の政府間におけるそれではないことが明らかになる。[15] ヨーロッパ連合が行動主体として指名され（ヨーロッパ連合条約第一一条第一項）かつヨーロッパ理事会が統一的行動をとるよう義務付けられている（ヨーロッパ連合条約第一三条第三項第三項目）ときはいつでも、外交政策活動の首尾一貫性を強調することが、制度上ヨーロッパ連合の掲げる諸目標を推進することになる。これとの関連では、上級代表が果たす実際的な役割にも触れられなければならない。上級代表はなるほどヨーロッパ理事会事務総長という資格で理事会に属し（ヨーロッパ連合条約第一八条第三項、第二六条）、ヨーロッパ理事会に対して責任を負うが、しかし、それ自体、独立して高度の重要性を有し、ヨーロッパ連合の外交代表として登場している。上級代表は、ヨーロッパ理事会における階層構造の枠外では一種の独立した下部機構を自由に利用している。この下部機構に当たるのは特別の戦略・早期警戒に関する事項を取り扱う機関（政策決定単位（Policy Unit））である。この政策決定単位はアムステルダム条約によって設けられたものであり、加盟諸国の外務大臣、ヨーロッパ理事会事務総長および西欧同盟事務総長の中から選ばれたメンバーのもとで、計画立案を行なうことを職務とする。

こうした制度的特性を前提とすると、共通外交政策・安全保障政策をある種の持続的会議体と捉えるよりも、政府間組織と超国家的組織との間で第三の道を歩むものとして捉える方がずっと分かりやすいであろう。[16]

（4）　ヨーロッパ裁判所、Slg. 1971, 263 Rn.15/19—AETR（道路交通）；このほか参照される先例として、Slg. 1976, 1279 Rn.

19/20, 30/33 —（小売業 Kramer）; Slg. 1977, 741 Rn. 3 f. —（活動停止中の基金 Stilllegungsfonds).

（5） その要件は、当該管轄権限が排他的であること、または、ヨーロッパ共同体がその管轄権限に基づいて法規範を公布していたこと、これらである。ヨーロッパ裁判所、Slg. 1994, I-5267 Rn. 77 — 世界貿易機関；ヨーロッパ裁判所、Slg. 1995, I-521 Rn. 31 — 経済協力開発機構。最近の判例が示しているように、この制限は緩和されて、「当該状況がヨーロッパ共同体法に従って規律されていること」となっている。この点および逆方向での制限について参照されるのは、ヨーロッパ裁判所、Slg. 2002, I-9427 Rn. 41 — ヨーロッパ委員会対イギリス他（いわゆる「オープン・スカイ」事件）である。

（6） たとえば、一九七三年から一九八二年にかけて行なわれた国連海洋法会議への参加がそうである。参照されるのは、*M. Ederer*, Die Europäische Wirtschaftsgemeinschaft und die Seerechtskonvention der Vereinigten Nationen, 1986; *R. Wolfrum*, Die EG und das Meer, AVR 42 (2004), 67 (69) である。

（7） そのようなものとして、国連食糧農業機関、世界貿易機関、ならびに、いくつかの原料関係および漁業関係の機関がある。

（8） そのような活動は国際民間航空機関、国際海事機関、国際労働機関、国際通貨基金、経済協力開発機構およびヨーロッパ理事会（Europarat）において行なわれた。

（9） 通常の場合には、ヨーロッパ議会の公聴会が開かれる。当該協定（Abkommen）が現在行なわれている第二次法の変更を必要としているときまたは第三国との提携を対象としているときは、ヨーロッパ議会はこれに同意しなければならない（ヨーロッパ共同体条約第三〇〇条第三項第二文）。これに対して、ヨーロッパ議会は共同体の通商政策にはまったく関わらない（ヨーロッパ共同体条約第三〇〇条第三項第一文）。

（10） 個別的にみると、外交活動の分野でもどのような種類の管轄権限が認められるかという問題が提起されている。条約で取り扱うことのできる題材について設けられているヨーロッパ共同体の管轄権限は専属管轄（ヨーロッパ共同体条約第一三三条、ヨーロッパ原子力共同体条約第五二条以下）、競合管轄および並行（parallele）管轄（参照されるのは、ヨーロッパ裁判所、Slg. 1993, I-3685（ヨーロッパ議会対ヨーロッパ理事会およびヨーロッパ委員会（人道的援助））である）である。国際法上の条約が多くの題材に関連する場合、それは、ヨーロッパ共同体と加盟諸国をともに当事国とするいわゆるミックス条約となる。この種の条約は、強行規定をもって定めるべき法的な必要性がない場合でも、政策的な配慮に基づいて締結されることがある。参照されるのは、たとえば、ヨーロッパ裁判所、Slg. 1979, I-2871（天然ゴム）である。

（11） 目標に関するこのカタログでは、それゆえ、部分的にではあるが、国連憲章（特に第一条第一号および第三号、第二条第四号）およびヨーロッパ理事会規約（前文第三項、第一条b号）がモデルとされている。

(12) ヨーロッパ連合の権利能力がアムステルダム条約およびニース条約によっても認められているか否かについては争いがある。第三国と条約を締結する権限（ヨーロッパ連合条約第二四条、第三八条）は、アムステルダム条約の特別議定書宣言の結果、新しい権限の委譲を意味するものではないとされている。

(13) 多数決による決定で足りる例は、共通の行動および立場が加盟国の国内法に置き換えられる場合、実施措置の場合、特別全権委員任命の場合（ヨーロッパ連合条約第二三条第二項、第一八条第五項）、そして、手続問題の場合（ヨーロッパ連合条約第二三条第三項）、これらである。これとの関連でいえば、決議の実施義務は回避するが当該決議の成立を阻まないという行動原理も、いわゆる建設的棄権に含まれている。なお、共通行動と相容れないものはすべて差し控えられなければならない。

(14) *M. Pechstein/C. Koenig,* Die Europäische Union, 3. Aufl. 2000, Rn. 8, 504；*R. Streinz,* Europarecht, 6. Aufl. 2003, Rn. 422b f.

(15) *G. Müller-Brandeck-Bocquet,* Das neue Entscheidungssystem in der Gemeinsamen Außen- und Sicherheitspolitik der Europäischen Union, in：*dies.* (Hrsg.), Europäische Außenpolitik, 2002, 9 (11 ff.).

(16) Ebd. 24；このほかに参照されるものとして、*E. Regelsberger/W. Wessels,* The CFSP Institutions and Procedures：A Third Way for the Second Pillar, European Foreign Affairs Review Nr. 1/1996, 29 ff.

第三章　これまでの構造における問題点

第一節　多数の柱から成るモデル

一　複線型の問題性

ヨーロッパ連合が実施する外交政策についてのその他の特徴はヨーロッパが統合の歩みを進める中で種々の条約に

よる権限の追加を通じてしだいに明らかになってきたものであるが、それでも、こうした特徴がこんにちの実務にそのまま再現されているわけではない。ヨーロッパ共同体が経済的問題に関して採っている外交政策と共通外交政策・安全保障政策との間には、多様な結び付きと重なり合いがある。

ヨーロッパ共同体の通商政策は、周知のように、人権保護や民主化といったさまざまな目標とますます密接な関係を持つようになっている。これと同じことは、ヨーロッパ統合の進展に関する協力についてもますます強くあてはまる。このことは、たとえばアフリカ・カリブ海・太平洋地域諸国との協定を改訂したコトヌ（Cotonou）条約における新しい表現形式が証明しているとおりである[17]。特にヨーロッパ委員会の専権事項に属する外交政策がその他の政策分野に対しても大きな影響を及ぼしている[18]。たとえば、地中海地域に対する政策、アジア政策およびラテンアメリカ政策においても、このことが示されている。

これに対して、ヨーロッパ統合の進展に関する利害と共通外交政策・安全保障政策の利害とが地中海地域に対する政策においていかに密接に関連しているかをよく示しているのが、中東での衝突の例である。通商に関する外交政策と一般の外交政策との間に密接な結び付きがあることを示すもうひとつの例は、ロシア連邦に対する関係で現在みられるさまざまな事象である。ロシア連邦との関連では、関税率がロシア産品に有利に設定されていたとかカリーニングラード経済特区への通過権とかといった細かな問題と同じように、ヨーロッパ連合が東方へ拡大した後、ヨーロッパ連合が将来グローバルな規模でどのような方向性を志向すべきかという点がその計画リストに載せられている。

これら関係諸機関相互の間で外交権限をどのように限界付けるかという問題がいずれ表面化するであろうという懸念は、長い間、知られていた点である[19]。日常の実務では、このことは、会議外交術を駆使し国際組織で普通に活動する場合にみられるヨーロッパ理事会とヨーロッパ委員会との二重代表性に現れている[20]。ヨーロッパ委員会が行なうヨーロッパ共同体の利益主張とヨーロッパ理事会が行なう加盟諸国の利益主張とが別々に行なわれているために、少なくともその構造からみて、ヨーロッパ連合の外交政策が弱体化する危険性がある。

二　ヨーロッパ連合法人格の単一性

共通外交政策・安全保障政策の域内での構造をどのように考えるべきかという問題が新たに提起される背景には、もうひとつ別の理由がある。今後ヨーロッパ連合は国際法上権利能力を有するものとされており（第一編第七条）、三本の柱から成る構造は放棄されている。(21) それゆえ、これらの柱の間でこれまで存在していた相互の関係は新しい規定を必要とするようになった。というのは、ヨーロッパ連合は統一的に行動しなければならないし、国際的次元ではこれまでヨーロッパ共同体が行使してきたすべての職務に従事することができなければならないからである。このことは、同時に、それぞれ独立した権限のもとで別々に設定されている外交政策上の議事日程をヨーロッパ連合の内部でもっと緊密に関連させせかつ調整する必要があることを意味している。

その他の憲法問題や憲法政策関係の問題、特にヨーロッパ議会およびヨーロッパ裁判所による統制をめぐる問題は、ヨーロッパ連合の制度的構成に関するこうした新しい考えと結び付けられている。これまで、上級代表の活動は、ヨーロッパ理事会を介して、またヨーロッパ理事会に代表者を派遣する各国政府を介して、いわば間接的に、諸国の議会から合法性を与えられていたにすぎない。たとえヨーロッパ連合条約によって規定されているよりもずっと強く、上級代表がヨーロッパ議会を拘束しているとしても、それでも、この点については、ヨーロッパ連合における民主主義的構造との関係で、さらなる説明が必要とされている。

第二節　実効性と危機管理能力

ヨーロッパ連合の外交政策をその日常業務と対比すれば、どうしても共通外交政策・安全保障政策を肯定的に評価することになりがちである。[22] ヨーロッパ連合の二〇〇二年の活動はその前の数年間とほぼ似た規模に達しており、一六件の「共通の立場」と二三件の「共通行動」が、アルファベット順にいえばアフガニスタンから中央アフリカ共和国に至るまで、すべての大陸の国々において生じるさまざまな状況に応じて出されていた。これに加えて、一三〇〇件の宣言、口頭による抗議、対話、それに共同報告書が出されていた。[23] 共通行動の対象が特に特別全権委員の任命や監視団の派遣であるのに対し、共通の立場は、たいていの場合、望ましくない政権（たとえば、ビルマおよびジンバブエの場合）やきわめて特異な諸国によるテロリズム支持に対して表明されている。その他の行動形式の場合、アルファベット順のAで始まる「Abrüstungsfragen」、つまり武装解除の問題から、Vで始まる「Verhütung und Beseitigung der Folter」、つまり拷問の防止および除去に至るまで、いろいろな分野のテーマが取り上げられている。中東政策において特に重要なのは、クァルテットといわれる四者（ヨーロッパ連合、国際連合、アメリカ合衆国およびロシア）である。というのは、これらの場合、中東政策に高度の優位が与えられているからである。ヨーロッパ連合において中東政策を代表して担当するのは特に上級代表と特別全権委員である。さらに、国際連合の総会と経済社会理事会での採決手続においてヨーロッパ連合加盟諸国が一貫した行動をとるよう強く求められている点はどちらかといえば短所に入れられるであろう。[24]

こうした視点からみると、ヨーロッパ連合とヨーロッパ連合加盟諸国との関係を改めて規律し直すことはしばしば考えられているような緊急事であるとは思われない。これに対して、共通外交政策・安全保障政策の対外的な主張は関係者の危機管理能力に依存している。共通外交政策・安全保障政策の強い安定性と信憑性は、結局のところ、関係者の危機管理能力如何にかかっているといっても過言ではない。こうした観点は暗闇の中に隠されている。一九九〇年代初頭のユーゴスラヴィア崩壊の過程で、またコソヴォ危機の間（一九九〇年）、そしてイラク戦争が始まる前（二〇〇二年／二〇〇三年）、これらの時期における危機の克服の仕方は、正当なことに、失敗例として記録されている。これに対して、マケドニアにおける騒動の鎮静（二〇〇一年）は諸国の協力が成功裏に終わった最初の例であると考えられている[25]。このようにみてくると、危機を克服できるような実効的外交能力を共通外交政策・安全保障政策それ自体に持たせることこそ、憲法条約について準備作業を進める上で重要な前提といえよう。

しかしながら、こうした状況を改善するための法的手段は限られている。組織法的に解決できるヨーロッパ内部の制度的問題と対比すると、ヨーロッパ連合と加盟諸国との関係に関しては、主権という「最後の保護区」さえも危険にさらされる可能性がある。それゆえ、憲法協議会に対する要求として特に二つの局面が挙げられた[26]。そのひとつは、共通外交政策・安全保障政策を「実効性ある」ものとするための多数決による決定であり[27]、もうひとつは上級代表の権限強化である。

（17） 二〇〇〇年六月二三日の協力条約、ABl. L 317/3、これは二〇〇三年四月一日に発効した。特にその第九条。一般的には、*F. Hoffmeister*, Menschenrechts- und Demokratieklauseln in den vertraglichen Außenbeziehungen der Europäischen Gemeinschaft, 1998.

（18） ヨーロッパ委員会に付託されている分野の範囲が現在も拡大し続けていることについては、*C. Gagout*, An Evaluation of the Making and Functioning of the European Union's Common Foreign and Security Policy (CFSP) System, 2003.

（19） *W. Wessels*, Institutionelle Architektur für eine globale (Zivil-) Macht ? Die Gemeinsame Außen- und Sicherheitspolitik im „Verfassungsvertrag", Zs. f. Staats- und Europawissenschaften 2003, 400 (406).

（20） *T. Oppermann*, Europarecht, 2. Aufl. 1999, Rn. 1697 ; このほかに参照されるものとして、*Europäischer Konvent*, Schlussbericht der Gruppe VII „Außenpolitisches Handeln", CONV 459/02 WG VII 17 v. 16. 12. 2002, Rn. 36, 64 ff.

（21） 詳しくは、*B. Fassbender*, Die Völkerrechtssubjektivität der Europäischen Union nach dem Entwurf des Verfassungsvertrages, AVR 42 (2004), 26 ff.

（22） *T. Oppermann*（前注(20)）, Rn. 1727 ; このほかに参照されるものとして、*C. Tomuschat*, Die Europäische Union als Akteur in den Internationalen Beziehungen, in : Liber Amicorum Tono Eitel, 2003, 799 ff.

（23） *E. Regelsberger*, Gemeinsame Außen- und Sicherheitspolitik, in : *W. Weidenfeld/W. Wessels* (Hrsg.), Jb d. Europäischen Integrationen 2002/2003, 251 (254).

（24） *I. Winkelmann*, Europäische und mitgliedstaatliche Interessenvertretung in den Vereinten Nationen, ZaöRV 60 (2000), 413 ff. ; *E. Sucharipa*, Die Gemeinsame Außen- und Sicherheitspolitik (GASP) der Europäischen Union im Rahmen der Vereinten Nationen, in : Liber Amicorum Tono Eitel, 2003, 773 ff. ; もちろん、このことは、イギリスとフランスという二つの常任理事国を含めて、安全保障理事会において代表権を与えられているヨーロッパ連合加盟諸国が高度に国家的な利益を代表して主張する場合、安全保障理事会で行なわれる調整についてはあてはまらない。

（25） *C. Heusgen*, Eine gemeinsame Außen- und Sicherheitspolitik der Europäischen Union, Die Politische Meinung Nr. 401, 4/2003, 19 ff.

（26） 参照されるのはたとえば、*Heusgen*（前注(25)）, 21 f. ; *S. Everts/D. Keohane*, The European Convention and EU Foreign Policy : Learning from failure, in : Survival 3/2003, 167 ff. である。

（27） 参照されるのは、ヨーロッパ連合の将来についてのラーケン宣言における諸問題、二〇〇一年一二月一四日／一五日のヨーロッパ理事会の結論についての付属書Ⅰ（die Fragen in der Erklärung von Laeken zur Zukunft der EU, Anlage I zu den Schlussfolgerungen des Ratsvorsitzes v. 14./15. 12. 2001)、Bull EU 12/2001, S. 24 ; 二〇〇三年一月一五日のヨーロッパ連合の制度構成に関するヨーロッパ協議会に対するドイツおよびフランス両国の貢献（Deutsch-Französischer Beitrag zum Europäischen Konvent über die institutionelle Architektur der Union v. 15. 1. 2003)、CONV 480/03, S. 6 である。

第四章　憲法条約における新奇性

憲法条約の変更部分では、前述した外交政策を担当する二つの組織形態を調整する必要性が考慮されているが、他方ではヨーロッパ連合と加盟諸国との関係についても検討が行なわれている。

第一節　ヨーロッパ連合外交権限の一本化

外交政策のうちで最も重要な行動分野は憲法条約中の共通政策に関するひとつの章にまとめられている（以下の一）。他方で、域内の構造に対応するのは三本柱から成るモデルの放棄である。それと同時に、新しい制度のもとで設けられた諸規定では、加盟諸国間での行動の一貫性を保つ方向での改善が意図されている（以下の二）。

一　実質的一体性

憲法条約はヨーロッパ連合の外交活動をひとつの独立した表題のもとにまとめている。そこに見出されるのは、共通外交政策・安全保障政策、共通通商政策、ヨーロッパ統合進展のための協力、人道援助、これらである。これらに先行するカタログには、これまでのものよりも新しくかつ内容上も拡大されたさまざまな目標が掲げられている。さらに、条約締結手続が第一の柱と第二の柱について統一されている（第三編第三二三条）。前述のＡＥＴＲ事件判決は権限に関する規定中に明示的に取り入れられている（第一編第一三条第二項、第三編第三二三条第一項[28]）。

第三編第二九二条に掲げられた目標カタログは第一編第三条第四項の目標と一緒に読まなければならないものである。そこには、貧困の除去、持続的開発、すべての国の世界経済への統合、環境保護、災害援助、国際法の尊重・強化・促進[29]、そして何よりも大事な「強い責任感に基づく世界秩序政策」、これらが挙げられている。

第一の柱と第二の柱がそれぞれに有する多様な目標と手段についての同調は、これまでよりもずっと改善されたかたちで行なわれている[30]。共通の指導理念のもとにどのような下位秩序が設けられているかは第三編第二九二条が持つその体系的位置から明らかになる。また、共通通商政策は、ヨーロッパ連合の外交活動が掲げる諸原則および諸目標の枠内で明示的に形成されるようになっている（第三編第三一五条第一項第二文）。これに似たやり方で、これらの原則と目標は、ヨーロッパ統合の進展に関する協力のための枠組みをも形成している（第三編第三一六条第一項）。これとは別の項目のもとに定められている環境政策はグローバルな広がりを持っている（第三編第二三三条第一項）。そこでは、逆に、共通外交政策・安全保障政策がヨーロッパ共同体の掲げるひとつの目標に向かう手引きとされている（参照されるのは、第三編第二九二条第二項f号と関連するヨーロッパ共同体条約第一七四条第一項である）。対外的な活動の権限を有するその他の者もこれらの目標を達成する義務を負っているか否か、また、この題目に付された新しい名称が前述の諸分野に限定されていることからこれとは逆の結論を引き出すことができるか、といった点について、今、評価を下すことは難しい。憲法条約が定めるあらゆる部分について適用される第一編第三条第四項は、むしろ、前者の解釈に賛成している。

しかしながら、ヨーロッパ外交政策に関するこの新しい特質はこうした解釈と結び付けられてはならないであろう。というのは、前述の諸目標は、すでに現在でも、それぞれの政策分野の間で、ますます調整の度合いを高めながら、

るにすぎない。

追求されているからである。このことは、アフリカに対する関係、東南アジア諸国に対する関係、そしてキューバに対する関係でそれぞれ目にすることができるとおりである。[31] ヨーロッパ憲法条約の文言はこのことを明確に述べている。

二　組織構造

憲法条約におけるおそらくは最も重要な変更は共通外交政策・安全保障政策の制度的構造に関するものであろう。この変更の結果、ヨーロッパ理事会および閣僚理事会の権限の変更が容易になり、理事会議長や外相会議議長のような職が新設ないし変更され、そして、従来の上級代表が有していた行政的下部機構の権限が拡大された。

1　ヨーロッパ理事会と閣僚理事会

戦略的な判断を下すのは、これまでと同様、ヨーロッパ理事会である（第一編第四〇条第二項、第三編第二九五条第一項）。実際の措置は閣僚理事会によって決定されなければならない（第三編第二九七条第一項[32]）。閣僚理事会は新たに形成された「外交問題」という項目に関して召集されることになっている。[33] ヨーロッパ連合の外交政策はこれまでのように六か月ごとに交替するヨーロッパ理事会議長によってではなく、これからはヨーロッパ理事会の新しい議長および外務大臣によって代表されることとなった。これにより、外交関係の安定にとって必要な人的継続性が組織の頂点において確保されることとなった。

ヨーロッパ連合と加盟諸国とが互いにどのような地位に立つかという点で重要なことであるが、ヨーロッパ理事会議長は国内の公職についてはならない（第一編第二二条第三項）。このような非両立性に関する規定はあるが、それでも、その他の職務との重複は排除されていない。それゆえ、ヨーロッパ委員会委員長はヨーロッパ理事会議長に選任されることができる。

ヨーロッパ理事会が強い権限を有する場合はいつでも、ヨーロッパ理事会議長は、ヨーロッパ理事会統率者という立場で、外交政策の形成に際して重要な役割を果たすこととなろう。議事日程の決定、基本指針の方向付け、加盟諸国間での調停、これらの場合も同様である（第三編第二九五条）。イラク危機の場合がそうであったように、「国際的な発展にとって必要とされる」とき、ヨーロッパ理事会議長は特別会期を招集することができる（第三編第二九五条）。

ヨーロッパ理事会のもとには、このほか、政治・安全保障委員会（第三編第三〇七条）と、防衛担当ヨーロッパ代表という、装備、研究および軍事的権限に関する新設の職務（第三編第三一一条）も設けられている。しかし、後者はその権限を「ヨーロッパ委員会との結び付きにおいて」行使するものとされている。このことは、こうした構成自体が争いの種になることを意味するだけでなく、意思決定過程における構造上の分裂をも意味している。

ところで、アメリカ合衆国の国務長官であったヘンリー・キッシンジャーが提起した有名な「ヨーロッパの電話番号」に関する問題について、どのように答えるべきであろうか。問題は、ヨーロッパ理事会議長と外務大臣との間の域内における権限の限界付けをどうすべきかという点であった。この限界付けの基準はヨーロッパ憲法条約では不明確である。つまり、外交代表権は、外務大臣の権限「を除いて」、「本来的に」ヨーロッパ理事会議長に委ねられている（第一編第二二条第二項）。ここで考えられているのは、国家および政府の首長と接触することである。もしキッシンジャーが今でもアメリカ合衆国の国務長官であったならば、彼はヨーロッパの同じ職務に就いている外務大臣を頼りにしなければならないことであろう。しかし、細目に関しては、多くのことが不明確なままである。それは、そもそもヨーロッパ理事会議長について憲法条約のどこでも少ししか触れられていないからである。外務大臣に対する関係では、いかなる指揮権もヨーロッパ理事会議長には与えられていない。その結果、両者の間でさまざまな衝突が生まれる可能性があろう。[34] というのは、外務大臣が主導するヨーロッパ連合の新しい外交業務に対してヨーロッパ理事会議長が日常的に関与することによって、同様に、こうしたリスクが生じ得るからである。

2　外務大臣

上級代表の職務を行なうのは、将来は、ヨーロッパ連合の外務大臣である（第一編第二九条）。これにより、上級代表の権限は、憲法協議会の手続に基づいて、著しく強化されることになろう。上級代表は、共通外交政策・安全保障政策の中心的な行為主体となっている。それだけでなく、上級代表はむしろヨーロッパ理事会事務総長、外交担当委員、ヨーロッパ理事会議長職を担当する外務大臣、これら三名からなるトロイカ体制の職務をすべて引き受けることとなろう。[35]

外務大臣は、ヨーロッパ委員会委員長の同意を得て、ヨーロッパ理事会により指名され、共通外交政策・安全保障政策を指揮する。その際、外務大臣はヨーロッパ理事会に対して責任を負う。ヨーロッパ理事会は外務大臣を解任することができる（第一編第二九条第一項第二文）。外務大臣の権限として注目されるのは、以下の諸点である。すなわち、外務大臣は、

・共通外交政策・安全保障政策の分野でヨーロッパ連合を代表し、自己の名において政治的対話をリードし、ヨーロッパ連合のためにそれぞれの会議や国際組織に出席し（第三編第二九六条第二項）、国連安全保障理事会ではヨーロッパ連合の立場を代表する（第三編第三〇五条第二項）、

・ヨーロッパ理事会では外交事項について議長を務め（第三編第二九六条第一項）、外交事項に関するさまざまな会議体を準備し、緊急の場合には、閣僚理事会を独自に招集することができる（第三編第二九九条第二項）、

・今後は、ヨーロッパ理事会議長およびヨーロッパ委員会に代わって（ヨーロッパ連合条約第二一条）、ヨーロッパ議会のスポークスマンとなる（第三編第三〇四条）、
・ヨーロッパ理事会および閣僚理事会により作成される諸決議につき提案することができ（第一編第二九条第二項、第一編第四〇条第六項第一文、第三編第二九九条第一項）、それゆえ発議権を有する、
・みずからの指揮のもとに職務を行なう特別全権委員の任命を提案することができる（第三編第三〇二条）、
・共通外交政策・安全保障政策の枠内で作成されるすべての決議を実施する（第一編第四〇条第四項）、
・加盟諸国が連帯して行動するように配慮し（第三編第二九四条第二項第三項目）、それぞれの重大な利益を仲介者として擁護する行動をとるよう加盟国が期待しているときは、そのように職務を果たし（第三編第三〇〇条第二項第二文）、共通外交政策・安全保障政策についての監視機関たる役割を担う[36]、
・ヨーロッパ安全保障防衛政策における非軍事活動および軍事活動の調整者として行動し（第三編第三〇九条第二項）、そして、その資金調達に関わる（第三編第三一四条第三項）。

下部機構としての外務大臣は固有の外交職務を行なう（第三編第二九六条第三項）。固有の外交職務とされるのは、これまで権限を有していた単位である理事会事務総長（ひとつの政策決定単位）、ヨーロッパ委員会のメンバー、加盟国の外交職務従事者、これら三者がなすべき職務である。外交職務の内容がこのように構成されているため、この制度内部で新しい衝突が生まれる可能性がある。というのは、この場合にはヨーロッパ理事会とヨーロッパ委員会が協力しなければならないからである[37]。こうした三つの階層が設けられた結果、それまで外交職務に従事していた職員が他の部署へ回されることとなるが、この三層構成からどのような結果が生じるかという点もはっきりしていない。

3　ヨーロッパ委員会

外務大臣はヨーロッパ理事会にだけ所属しているわけではない。外務大臣は、同時に、ヨーロッパ委員会副委員長のひとりでもある（第一編第二九条第四項第一文）。ヨーロッパ委員会の委員長は外務大臣の任命および罷免に参加しなければならない。さらに、委員長は、ヨーロッパ理事会がしかるべき決議を行なっていなかった（第一編第二九条第四項）場合にも、ヨーロッパ委員会のメンバーたる外務大臣を第一編第二七条第三項により罷免することができる。それゆえ、外務大臣は、職務を行なう上で、ヨーロッパ理事会とヨーロッパ委員会との間で生じる衝突に現実に巻き込まれることとなる。外務大臣がそうした衝突を免れようとすれば、外務大臣は、現職の上級代表であるクサヴィエ・ソラーナのように、これら二つの機関に対して良好な関係を保つことができなければならない。

ヨーロッパ委員会において、外務大臣は、一般にいわれているように、「ヨーロッパ連合の外交関係の範囲に属するさまざまな権限のほか、対外的活動のその他の諸局面の調整をも委ねられ」ており、その限りで、ヨーロッパ委員会の職務遂行について適用されるのと同一の手続に服している。それゆえ、外務大臣は、共通外交政策・安全保障政策が従来持っていた性質よりももっと深い繋がりをもって、主に政府間で行動するヨーロッパ理事会と超国家的に振舞うヨーロッパ委員会との間に立たされていることになる。外務大臣は、憲法協議会の隠語でいえば「二つの帽子」をかぶっているようなものである(38)。これによって、外務大臣は、共通外交政策・安全保障政策について責任を負うほか、ヨーロッパ連合の対外的経済関係についても責任を負うこととなった。このことは、クリス・パッテンとクサヴィエ・ソラーナがこれまで行なってこなければならなかったのと同様のことを意味している。第一の柱と第二の柱との間にあるこれまでの緊張関係、つまり理論的な緊張関係は、それぞれの職務に就いている個々人の結び付きを通して解消されることとなろう。

それでも、外務大臣がこのような立場にあるところから、特にヨーロッパ委員会が外交政策において追求する考えとヨーロッパ理事会のそれとが異なるときは、両者の権限が競合し、正反対の結果が生み出される可能性がある(39)。

4　ヨーロッパ議会による統制とヨーロッパ裁判所による統制

ヨーロッパ議会の権利は、ヨーロッパ連合条約第二一条と対比すると、本質的部分では拡大されていない。ヨーロッパ議会は、普通、最も重要な諸局面に関わるのであり、そして、絶えず最新の情報を提供されている（第一編第四〇条第八項、第三編第三〇四条）。共通外交政策・安全保障政策について専属的権限を有するヨーロッパ連合が協定を締結する場合、ヨーロッパ議会は共同発言権を持たない（第三編第三二五条第六項）。ヨーロッパ議会の予算審議権はこの点では効果的ではない。それは、さまざまな措置への融資は加盟諸国の協力によってしか実現しないと考えられているからである（第一編第四〇条第四項、第三編第三一三条第二項(40)）。

もっとも、ヨーロッパ議会は外務大臣の任命に関与している。それは、外務大臣がヨーロッパ委員会のメンバーのひとりだからであり、また、ヨーロッパ委員会は全体として外務大臣の任命に対する同意投票をしなければならないからである（第一編第二七条第二項第三文）。

外務大臣については不信任動議に関する規定（第一編第二六条第八項）も適用される。この手続は必ずしも明快なものではない。第三編第三四〇条によれば、これまでと同様（ヨーロッパ共同体条約第二〇一条）、表明された意見の三分の二の多数と議会におけるメンバーの過半数の賛成が必要とされている。これに対して、第一編第二九条第一項は、外務大臣の罷免についてヨーロッパ理事会の特別多数を定めている。外務大臣は二つの機関、つまり、ヨーロッパ理事会とヨーロッパ委員会とに対して、同じように責任を負っており、なすべき委任事項がどちらに属するかに応じて選択的に二つの手続方法のそれぞれに従って当該事項を終わらせることができるというように考えられなければならない。

ヨーロッパ裁判所も共通外交政策・安全保障政策について権限を持たない（第三編第三七六条）。しかし、ヨーロッパ裁判所は、ヨーロッパ共同体の手続に定められた適用範囲内に共通外交政策・安全保障政策が含まれないようにするために、ヨーロッパ連合の権限と他の諸機関の権限との限界付けに関して裁判することができる（第三編第三〇八条）[41]。さらに、ヨーロッパ裁判所は、条約締結前にヨーロッパ連合が条約締結権を有するか否かに関する疑念を解明するために、鑑定意見を求めることができる（第三編第三二五条第一一項）。この手続は、事柄の性質上、新しいものではない（ヨーロッパ共同体条約第三〇〇条第六項）。この手続が共通外交政策・安全保障政策の枠内で締結される協定について今後も適用されるべきであるか否かという点は、しかしながら、（第三編第三七六条があるために）問題となっている。外交政策にとって一般的な特徴であるが、議会および憲法裁判所による統制の可能性は狭く限定されている。

第二節　垂直的連関

一　連帯の義務

加盟諸国間でどのように団結すべきかという問題に対する態度は、制度的強化を考えるグループと国家主権の確保をむしろ念頭に置くグループとの間でまったく異なっている。

これまでもしばしば強調されてきた連帯の義務から導き出されるのが、これまでもすでに行なわれてきている協議義務の具体化である（ヨーロッパ連合条約第一六条）。この協議義務は、加盟国がヨーロッパ連合の利益に触れるようなやり方で行動する前に、当該加盟国は他の加盟諸国とヨーロッパ理事会または閣僚理事会において協議しなければならないことを意味している（第一編第四〇条第五項第二文）。

ヨーロッパ連合加盟国で、国連安全保障理事会メンバーでもある諸国にとっては、このことから、特別の情報提供義務および忠誠義務が生じている（第三編第三〇五条）。これらの義務も基本的に新しいものではないが、行動を調整する義務でさほど極端でないものは除外されている（これまでのヨーロッパ連合条約第一九条第二項第二文の「werden sich abstimmen（意見を調整するであろう）」という未来形の表現に代えて、第三編第三〇五条第二項では「stimmen sich ab（意見を調整する）」というように現在形の表現が用いられている）。さらに、これらの義務には、ヨーロッパ連合外務大臣が安全保障理事会においてヨーロッパ連合の立場を代表するよう求められているということも含まれている。

加盟諸国間での連帯が維持されているか否かの監督は、前述のように、外務大臣の責務である（第三編第二九六条第一項）。外務大臣は、このことにより、ヨーロッパ共同体の権限範囲内に属する分野につき責任を負うヨーロッパ委員会と異なり、共通外交政策・安全保障政策の保護者に任じられている。しかし、外務大臣は、条約違反がある場合に、ヨーロッパ共同体条約第二二六条に基づいて訴える権利を有するヨーロッパ委員会とは異なり、ヨーロッパ裁判所に訴える権利を持っていない。

二　判断の拘束力

権限の分類に関する右の説明を前提とすると、憲法条約が冒頭部分において最初に実行しようとしている点であるが、共通外交政策・安全保障政策は、権限ごとに細分化された各分野に応じて権限の類型としてしだいに弱められているにせよ、おそらく実質的な政策調整が行なわれる特別の場合としてこれを理解することができよう。それゆえ、共通外交政策・安全保障政策は、たんに支援、調整および補充を行なう権限よりももっと強いものであるといってよい（参照されるのは、第一編第一二条ないし第一編第一七条である）。

法的な利用手段には本質的になんら変更がない。当時考えられていた措置のカタログは「共通戦略」、「共通行動」および「共通の立場」であったが、これらのうち、アムステルダム条約により初めて導入されたもののほとんど利用されていない[42]共通戦略は、見かけの上ではあるがふたたび廃止されている（第三編第二九四条第三項）。共通戦略は、今後、条約の文言上「ヨーロッパ連合が有する諸々の戦略的な利益および目標に関する」決議として登場することとなる（第三編第二九三条第一項および第三編第三〇〇条第二項a号）。共通外交政策・安全保障政策の枠内では、個別の法律も大綱法（従来は、規則と指令であった）も公布されていない。このことは第一編第四〇条第六項第三文で確認されているが、この点は不必要であろう。しかし、これとは別の「行動（Handeln）」が定められ（第一編第一五条第二項第一文）、これが「遵守」されなければならないとされている。特にここで考えられている決議は、今後は明示的に拘束力ある措置として示されなければならない（第一編第三三条第一項第五項目、第三編第二九七条第二項）。こうした形式で共通行動および共通の立場も決定されることになる（第三編第二九四条第三項）。この新しい規定によって表現されているのは、拘束力の程度をさらに高めようとする希望である[43]。それに実効性があるか否かについては争いがある[44]。これまで共通外交政策・安全保障政策に一貫性がなかった理由は、これらの決議が無視されていたからというよりも、むしろそもそも同意を見出すことができなかったという点にあった。

三　採決手続

採決に当たっては全員一致の原則がなお維持されている（第一編第四〇条第七項、第三編第三〇〇条第一項）。これと同様に、建設的棄権という投票行動も維持されている（第三編第三〇〇条第一項第二文）[45]。建設的棄権の範囲はむろん拡張されている。現在、諸国は、みずからがヨーロッパ共同体条約第二〇五条第二項により測定される投票数の三分の一(拡大されたヨーロッパ連合では三二一票中の一〇七票)を超える数を意のままにできる場合、棄権することによって当該決議を阻止することができる(ヨーロッパ連合条約第二三条第一項)。ヨーロッパ連合ではこのために一五か国が必要であったが、これまでと同様に、拡大されたヨーロッパ連合では少なくとも四か国中のひとつの同意が必要となる。憲法条約によれば、定足数は加盟諸国の三分の一(二五か国中の九か国)であり、これらの国の人口が少なくともヨーロッパ連合の人口全体の三分の一(四億五千万人中の一億五千万人)を占めていなければならない。

多数決によって決定することは、施行細則上の措置が行なわれる場合、すでにこれまでも許されていた範囲で、理論的には可能である(第三編第三〇〇条第二項)が、これについては、いわゆる「ルクセンブルクの妥協」(理事会での表決手続について一九九六年一月末になされた非公式の取決めであって、特定多数決の行使を政治的に妨げ、事実上の全会一致制を維持するもの。この方法は政策決定の遅滞や麻痺を招いたため、現在では事実上廃止されている)という意味で、重要な諸利益に配慮して留保が行なわれている(ヨーロッパ連合条約第二三条第二項第二項目、第三編第三〇〇条第二項第二項目)。これら二つの留保は、これまでのところ、ほとんど利用されていない。ヨーロッパ安全政策・防衛政策について、したがってまた、危機に対応した出動についてはすべて(非軍事的活動を含む)、まだ全員一致の原則が行なわれている(第三編第三〇〇条第四項、第三〇九条)。これらの題材を除くと、ヨーロッパ理事会は、将来において、その他の事項を多数決による判断に委ねることを議決することができる(第三編第三〇〇条第三項および第三項)。このほか、外務大臣がヨーロッパ理事会の全員一致による決議を求める措置を提案しているときは、この方法が認められるべきである(第三編第三〇〇条第二項b号)。特別多数による議決が例外的に認められているが、その算定に当たっては総則の諸規定による(第一編第二五条)。

右に述べたところから明らかなように、憲法条約はこの点で基本的に特にドイツおよびフランスによって提案された考えのもとにとどまっている。その結果、全員一致の原則の採用を確認していても、ヨーロッパ連合の行動能力の強化を求めようとするこれら両国の希望が達成される保障はない。というのは、拒否権を行使しようとする国の数は、ヨーロッパ連合が拡大すれば、もっと増えるはずだからである。それゆえ、ドイツやフランスでは、この点について懐疑的な評価がなされている。[46] それだけに一層、実現可能性が高いという理由から、狭い範囲で協力するという選択肢の方がより関心を集めている。

四　協力の強化

外交政策からみたヨーロッパの中核地域について、憲法条約は四つの選択肢を同列のものとして提示している。その一部は共通外交政策・安全保障政策およびヨーロッパ安全保障政策・防衛政策について規定しているが、他の一部はヨーロッパ安全保障政策・防衛政策についてしか規定していない。[47] その全体像を示すために、以下では、要点に限定して紹介しよう。

第一に、共通外交政策・安全保障政策についても協力の強化に関する一般規定（第三編第四一六条以下）が適用される。これまでのところ、この種の規定は、共通外交政策・安全保障政策では、ニース条約によって初めて、しかもきわめて狭く限定された要件のもとでしか認められていない（ヨーロッパ連合条約第二七a条ないし第二七e条）。これらの規定は、少なくとも六つの加盟国の賛成を得なければならない（ヨーロッパ連合条約第二七a条第二項、第四三条g号）。さらに、どの行動も、軍事的関連性や防衛政策との関連性を示してはならない（ヨーロッパ連合条約第二七b条）。実際上、これらの行動はまだ行なわれていない。

今後は、加盟国の少なくとも三分の一（二五か国中の九か国）の参加が要件とされるべきであろう（第一編第四四条第二項第一文）。加盟国が提起する申立は、その他の協力の強化の場合とは異なり、ヨーロッパ委員会に対して（第三編第四一九条第一項）ではなく、ヨーロッパ理事会に対して向けられている（第三編第四一九条第二項第一文）。決定権を有するのは外務大臣とヨーロッパ委員会である（第三編第四一九条第二項第二文）。そのための権限を与えなければならないヨーロッパ理事会がその際にどのような手続に従って議決するのかという点については憲法条約草案でも解決されていなかった（第三編第四一九条第二項第二文）。ある解釈によれば、協力の強化に関する総則規定に従って特別多数を満たさなければならないとされている。[48] これに対して、共通外交政策・安全保障政策に関する特別規定に基づいて、全員の一致を要求する立場がある。[49] 政府間協議により挿入された第三編第四一九条第二項第二項目は、これについて全員一致を要する旨、明言している。

第二に、閣僚理事会はヨーロッパ安全政策・防衛政策の問題につき、決議をもって、一群の加盟国に対し、非軍事的または軍事的な作戦行動の実施を依頼することができる（第一編第四一条第五項、第三編第三一〇条）。その結果、ここでは、若干の国がヨーロッパ連合の委任を受けかつヨーロッパ連合の名において活動することとなる。

第三に、加盟諸国の中核グループを成す「軍事力に関する厳しい基準を満たしている」諸国については、選択肢として、いわゆる組織上恒常化された協力義務が存在する（第三編第三一二条、第一編第四一条第六項）。詳細なことは特別議定書に規定されている。この議定書を批准することができるのは参加諸国のみである。それゆえ、これらの国だけしか、どのような措置を採るべきかについて決定できない。これらの国は、特別理事会の会期に参加する外務大臣を介してヨーロッパ理事会と結び付けられている。当事国以外の諸国は特別理事会に参加することはできるが、議決権を持たない。ヨーロッパ通貨連合[50]の場合と対比するとある種の共通点がみられるにも拘らず、ここでは、ヨーロッパ連合の活動はまったくみられない。ヨーロッパ連合が疑問を抱く余地がないほど、その行動に際してとるべき選択肢がはっきりと定義されているのに、それでも、例外が認められている。憲法条約草案第三編第二一三条第五項は、追加的に、協力をさらに密接にするために、総則規定に言及しているが、このようなグループ内部での協力義務をふたたび組織化することがこうした指摘によってできるか否かという点には疑問がある。この点はむろん共通外交政策という理想像に対応するものではない。察するところ、こうした指摘は表記の上で考えることができるだけであった。それゆえ、この点は憲法条約では正当にも削除されている。

第四に、防衛担当ヨーロッパ代表という、装備、研究および軍事的権限に関するヨーロッパ当局を付け加えることができよう。どの加盟国もこの部局が行なう作業に「希望に応じて」参加することができる。この代表はおそらくヨーロッパ理事会のもとに置かれることとなろう（第三編第三一一条第二項、第一編第四一条第三項）。

（28） なんらかの合意が、憲法条約中に定められている諸目標のうちのいずれかを実現するためのヨーロッパ連合の政策の枠内において必要とされていること、なんらかの合意が、ヨーロッパ連合がなす拘束力ある法的行為の中で規定されていること、または、なんらかの合意がヨーロッパ連合内部における法的行為を侵害していること、これらが、憲法条約中に明示的に配置されていない外交権限を行使するための要件である。これと反対のことを述べているものとしては、前注（5）；また、*Fassbender*（前注(21)），34 ff. をも参照。

（29） これについて参照されるのは、*A. v. Bogdandy*, Europäische Verfassung und europäische Idenitität, JZ 2004, 53 (59 f.)；*ders.*, Wir Europäer, FAZ v. 27. 4. 2004, S. 8 である。この論稿は、特に国際法の遵守に言及しているが、アメリカ合衆国の行動に対して一定の限界を画そうとする試みには問題があるということを推測させている。

（30） 現行法については、*P. Gauttier*, Horizontal Coherence and the External Competences of the European Union, ELJ 20 (2004), 23 ff.

（31） *S. Schmidt*, Afrikapolitik, in：*Weidenfeld/Wessels*（前注(23)），261 ff.；*F. Algieri*, Asienpolitik, ebd. 265 ff.；*U. Diedrichs*,

Lateinamerikapolitik, ebd. 271 (273 f.).

（32） そこにみられるのは、外相会議の役割を下部に向けて階層化しようという考えである。そのようなものとして、*W. Kaufmann-Bühler/N. Meyer-Landrut*, in : *Grabitz/Hilf*（前注（3））, Art. 13 Rn. 16.

（33） 一般的事項および外交関係に関する従前の状況について参照されるのは、二〇〇二年七月二二日のヨーロッパ理事会執務規則第二条である。

（34） *Wessels*（前注（19））, 418 ; *Regelsberger*（前注（23））, 253.

（35） Schlussbericht（前注（20））, Rn. 5.

（36） *T. Risse*, Auf dem Weg zu einer gemeinsamen Außenpolitik ?, Der Verfassungsentwurf und die europäische Außen- und Sicherheitspolitik, Integration 2003, 564 (570).

（37） この外交職務の組織および作業態様は、ヨーロッパ理事会決議を通じて決定されることとなっている。第三編第二九六条第三項参照。

（38） Deutsch-Französischer Beitrag（前注（27））, S. 6 f. ; *G. Pleuger*, Double Hut, WG VII – WD No. 17 ; そこで行なわれた妥協については、Schlussbericht（前注（20））, Rn. 28 ff.

（39） 参照されるのは、*D. Thym*, Die neue institutionelle Architektur europäischer Außen- und Sicherheitspolitik, AVR 42 (2004), 44 (64 f.) である。

（40） ヨーロッパ議会が果たす役割については、*D. Thym*, Reforming Europe's Common Foreign and Security Policy, ELJ 10 (2004), 5 (13 ff.).

（41） （第三の柱における）政府間の活動とヨーロッパ共同体の権限との間での限界付けに関する事案については、ヨーロッパ裁判所、Slg. 1998, I-2763 Rn. 19 ff. ―ヨーロッパ委員会対ヨーロッパ理事会事件（空港でのトランジット）がある。

（42） これまでに決議された共通戦略はわずか三件のみである。ロシアに対する政策についてのもの（ABl. 1999 L 157/1、これを延長したものとして、ABl. 2003 L 157/68）、ウクライナに対する政策についてのもの（ABl. 2000 L 87/4 の形式におけるABl. 1999 L 331/1）、それに地中海地域に対する政策についてのもの（ABl. 2000 L 183/5）がそうである。これらの施行期間はそれぞれ当初の四年間とされていた。

（43） 現行法によっても、共通外交政策・安全保障政策の枠内で行なわれた措置は条約上「決議」と表示されている（参照されるのは、ヨーロッパ連合条約第二三条第二項である）。しかし、「決議」は共通外交政策・安全保障政策という表題で示されたカテゴリーにも一般規定により示されたカテゴリーにも入らない法形式であって、いわゆる第三の柱とは別物である（ヨーロッパ連合条約第三四条第二項ｃ号）。

(44) 諸国に留保されている緊急管轄権、つまり、止むを得ない場合に内容を異にする応急措置を採る権限（第三編第二九七条第四項）は、この点では、さほど憂慮すべきものではなく、現行法上も存在する（ヨーロッパ連合条約第一四条第六項）。

(45) 前注(13)。

(46) *M. Jopp/E. Regelsberger*, GASP und ESVP im Verfassungsvertrag — eine neue Angebotsvielfalt mit Chancen und Mängeln, Integration 2003, 550 (558).

(47) 詳しくは、*Thym*（前注(39)), 52 ff.

(48) そのようなものとして、*D. Kugelmann*, „Kerneuropa" und der EU-Außenminister — die verstärkte Zusammenarbeit in der GASP, EuR 2004, 322 (338 f.).

(49) この点を未解決のままにしているのが、*J. A. Emmanoulidis/C. Gierling*, In Vielfalt geeint — Elemente der Differenzoerung im Verfassungsentwurf, Integration 2004, 454 (459); *Jopp/Regelsberger*（前注(46)), 555 f. の場合である。

(50) *Wessels*（前注(19)), 425.

第五章　評　価

共通外交政策・安全保障政策自体が独自の存在意義を有するという主張を支持する者が抱く関心事の中心部分は、しかしながら、多数決の原則によってすでに破綻している。それを埋め合わせるために、上級代表の役割と一連の弾力化措置の役割が強化されてきている。

新しい外務大臣のイメージはこの制度内で行なわれる新しい試みが今後どうなるかによってはっきりすることであ

ろう。推察するに、この試みは実務上は本質的な変革をもたらしていないが、それでも、外務大臣の地位の本質的部分を明らかに形成している若干のものは、インフォーマルなかたちではあるがすでに長い間にわたって現職の上級代表により実践されてきたものでもある。すでに用意されている資金が効果的に用いられているか否か、また、その職に就いている者が諸機関の間での権力闘争で疲労困憊させられるか否かといった点も、この職に就く者の人柄に高度に依存している。

ヨーロッパ連合全体によりすでに否定された政策を追求する可能性がたとえあるとしても、そうした動きは、ヨーロッパ連合の政策的一貫性にそぐわないものとして、拒否されることができよう。しかし、こうした選択肢は実際のところ統一的行動の中にはほとんど存在せず、これまでと同様に、規律の対象からはずれた独断専行という形式で存在することであろう。

ヨーロッパ憲法条約の現状をみて、果たしてわれわれはイラク危機をよりよく克服できるか否かという問題がしばしば提起されている[51]。イラク危機は果たしてどのように推移するのであろうか。

外務大臣はイラク問題というテーマを固有の指導権を発揮する対象として早期に取り上げ、ヨーロッパ理事会の議事日程に組み込むことができよう。一方的な行動が行なわれている場合、外務大臣は当該加盟国に対しておそらくは条約違反を指摘し（第一編第四〇条第五項第二文）、共通の立場をとるよう促し（第一編第四〇条第六項第二文、第三編第二九四条第三項）、ヨーロッパ連合の立場を、もしかするとフランス政府の中立がそうであったように、国連安全保障理事会において述べることであろう（第三編第三〇五第二項）。イラク戦争へのイギリスの参加の是非については、ヨーロッパ理事会議長の指示に基づいて（第三編第二九五第一項）、閣僚理事会のその後の取組みと国際法上の諸基準に基づいた検討（第三編第二九二条第二項c号）が行なわれる余地がある。たとえば、イギリス、スペイン、イタリアおよびデンマークが相互の協力を強化するためには、おそらく、九つという必要な数の協力国が欠けていることであろう。それは、アメリカ合衆国の行動を支持した六か国（デンマーク、連合王国、イタリア、オランダ、ポルトガル、スペイン）は、これを拒否した五か国（ベルギー、ドイツ、フランス、ギリシア、ルクセンブルク）と伝統的な中立の四か国（オーストリア、フィンランド、アイルランド、スウェーデン）と互いに対峙しているからである。

拡大されたヨーロッパ連合を考えると、みたところ、必要な数だけの、協力意思を有する諸国が集まっているであろう。けれども、そこでは、規定されたような閣僚理事会による授権は行なわれていない。このことは、この点について全員一致が達成されなければならないか特別多数でよいかという問いに対する答えとは無関係のものである。それゆえ、これらの国の行動は従来のヨーロッパ連合においても拡大されたヨーロッパ連合においても、まったく同様に、条約に違反していることになる。

ここに述べたことは法律的なものに限定して示された狭い世界観であるが、それでも、憲法条約の諸規定に従うことによってこうした危機を回避することができるという結論を引き出すことができよう。イラク危機のような事態が将来起こらないであろうという保障はまったくない。イラク危機のようなことを将来起こさないようにしたいという意思は、全員一致の原則が維持されていても、明確に認識することができる。外務大臣が将来において機関としての独立性を感じさせるような政策を採ることができるか否か、また、これまでと同様に関係諸国間の協力意思が重要となるか否かといった諸点は、すべての国際関係がそうであるように、本質的に、われわれが国際社会に対してどのような見方をするか、その結果どういう帰結が得られるかということによって決まる問題なのである。

(51) こうした行動について積極的なものとして、*Risse*（前注(36)), 570, 572 が、また懐疑的なものとして、*Wessels*（前注

(19)), 422 がある。

追記　この章で集中的に取り上げられたヨーロッパ憲法条約は二〇〇四年六月にヨーロッパ連合の首脳会議において採択された後、すでに一〇か国で批准されている。議会承認日順に挙げると、リトアニア、ハンガリー、スロベニア、イタリア、ギリシア、スロバキア、オーストリアおよびドイツの一〇か国である。これに対して、フランスは五月二九日に実施した国民投票において批准承認案を否定した。今後の動向が注目されよう。

グローバル化の時代における国際法上の倫理

Ethik des Völkerrechts unter Bedingungen der Globalisierung

目　次

第一章　はじめに

人々には裕福な暮らしをしたいという願望が一方にあり、他方に秩序や確実性といったものを失うことに対する恐れがある。「グローバル化」という言葉には、概念的にみて、これら性質を異にする二つの内容が結び付けられている。[1] グローバル化という言葉はきわめて大きな影響力を持っているが、グローバル化という言葉をどのように定義するにしても、そうした定義の内容如何によって諸国の行動力が実際に失われるといった必然性はない。[2] 諸国の行動力を制限しグローバル化を実現しようとすれば、国際的な次元での動きに期待することとなろう。しかしながら、西側社会において伝統的な価値観の意義が弱まり、世界のほとんどすべての地域で原理主義が強くなってきていることを前提とすると、「世界的規模での内政問題（Weltinnenpolitik＝ひとつに統合された世界というものを念頭に置いてその内政全体に関して統一的な政策を行なうこと）」を公益という観点から処理する上で必要となる指導理念を一体どこから引き出すべきか、ということが問題となろう。[3] どの国の秩序も、法に先行して存在するさまざまな社会的条件に服している。しかし、諸国家により形成されている共同体においてもこのような根本的な合意があると、果たしてわれわれはいうことができるのだろうか。また、このような根本的な合意は国際的な法秩序とどのような関係にあるのだろうか。

これらの問題について検討するに当たり最初に問わなければならないのは、グローバル化が「国際関係における倫理」と「国家秩序の倫理的基盤」に対して何か特別の影響を及ぼしているか否か、そして、影響を及ぼしているとすれば、どの点にそうした影響があるのかといった問題である（第二章）[4]。国際法が秩序を維持するという役割を担うことができるのは、国際法それ自体が一般的に承認された倫理的内容を有する場合のみに限られている（第三章）。重要なのは、国際法が成立する際にすでに、倫理的な基盤があるということ、そして、倫理的な諸原理が役割を果たしていること、これらが二つとも存在しているということである（第四章）。

＊　小稿は、著者が二〇〇三年九月一八日にドレスデンで開催されたドイツ比較法学会において行なった講演原稿に手を加えたものである。

（1）　参照されるのは、*D. Loch/W. Heitmeyer* (Hrsg.), Schattenseiten der Globalisierung, 2001 掲載の諸論文；*C. Leggewie*, Die Globalisierung und ihre Gegner, 2003 である。

（2）　参照されるのは、*U. Beck*, Was ist Globalisierung ?, 1997, 28 f. である。

（3）　「世界的規模での内政」というこの語が概念的に意味するところについては、*C. F. v. Weizsäcker*, Das ethische Problem der modernen Strategie, EA 1969, 191；*D. Senghaas*, Weltinnenpolitik. Ansätze für ein Konzept, EA 1992, 643 ff.

（4）　「倫理（Ethik）」という概念と「道徳（Moral）」という概念をここでは同義語として用いることとし、これら二つの語が哲学的、宗教的またはその他文化的に根付いているか否かは問わないこととする。これに対して、倫理感（Ethos）という語は、行動する人間が実際に行なう個別的振舞いで、倫理から引き出されるものを指す。

第二章　グローバル化と国際関係の倫理的基盤

第一節　理念論と現実論との対立

諸国の間に倫理感や道徳が存在するか否かという問題は、旧くから歴史の分野での記述、政治哲学、国際法学説、そして政治学で取り扱われている。現実論的な見方と理念論的な見方とが対立していること、どちらが優勢を占めるかはあたかも不安定な景気循環のように時代により変わり得ること、これらを知るためには古代にまで遡ることができる。いわゆる現実論の創始者は、ギリシアの歴史家トゥキュディデス（紀元前四六〇年～四〇〇年頃）であるが、彼は支配的地位に就こうとする意思こそが外交政策活動を行なう最も効果的な動機であると考えていた。(5)これと対立する考え方はストア派の哲学に由来するもので、人間性に依拠した普遍的な自然法に基づいている。こうした考え方はローマの共和政治家キケロ（紀元前一〇六年～四三年）からギリシアの哲学へと伝えられたものであって、諸国家の共同体という法的構成についての結論部分では、オランダの法学者グロティウス（一五八三年～一六四五年）およびドイツの哲学者カント（一七二四年～一八〇四年）が述べたように、国際法理論を確実に構成する重要な要素となっている。これらの考え方から引き出され、しかも法的に表現された諸制度が必要であるという信仰を通して形成された理念論は、アメリカの大統領ウッドロー・ウィルソン（一八五六年～一九二四年）と国際連盟というウィルソンのアイディアを通して世界的規模での政策の中に取り入れられた。こうした考えが破綻したことに対する失望と一九三〇年代の宥和政策が、ドイツ生まれのアメリカの国際政治学者モーゲンソー（一九〇四年〜一九八〇年）やドイツの国際法学者シュヴァルツェンベルガー（一九〇八年〜一九九一年）のような現実論者が表舞台に立つ契機を与えた。[6] これら二つの立場の対立はこんにちに至るまで政治理論史を彩っている。[7] これと同じことは国際法理論についてもあてはまる。[8] グローバル化が論じられる現代の諸現象にもこうした対立が反映している。それゆえ、グローバル化という捉え方それ自体がやがて消え去る運命にあると考えることには、あまり意味がないであろう。むしろ大切なのは、グローバル化という事態に向けてどのような見通しを立てようとするか、そして、そのイメージからどのような帰結を導こうとするかといったことであろう。

第二節　グローバル化

一　経済的グローバル化とその法的広がり

「グローバル化」という語はまずもって経済学上の概念である。この概念が示しているところによると、グローバル化という語によって記述されているプロセスは一九九〇年代初頭以降に生まれたものであり、その後もずっと有効なものであると考えられてきている。このプロセスを通じて国際的な貿易取引や資本流通が活発化し、その結果、各国の市場および生産の相互的結び付きが一層強まってきた。[9] その原因として挙げられるのは、社会主義計画経済に対する市場経済システムの普及、国際貿易や投資の条件の改善、情報や輸送に関して昨今行なわれている技術発展、世界的規模での技術移転の増大、そして、いわゆる中進国における労働者の教育水準の上昇、である。グローバル化の結果、競争が増えて、交換可能性が高まり、また、生産地が地理的にみて各国に分散し、それに伴って先進工業国における労働市場・社会保障制度・租税法制に適応するようにという圧力も高まってきた。

しかしながら、こうした説明にまったく疑問の余地がないわけではないということを考えれば[10]、グローバル化に対する評価もこれとは違ったものとなろう。これら異なる評価の間で、われわれはそれぞれの長所と短所を相互に対比して考えなければならない。長所としては、競争力を有する諸国に典型的にみられるが、自由貿易の結果として暮らしが裕福になること、価格が低下すること、技術革新への関心が高まること、また世界経済の中で国家および政府が新たに統合すること、これらが挙げられよう。これに対し、短所としては、失業率の増加および社会保障制度上の給付能力の限界を十分に自覚していないような、あまり適応能力を持っていない諸国の繁栄が失われること、技術的にあまり発展していない諸国の国民経済と先進国のそれとの開きがますます大きくなること、これらが挙げられよう。

このプロセスにおいて法がどのような機能を果たすのかを問おうとする場合、まず確認できるのは、関税と貿易に関する一般協定が、一九九四年以降は世界貿易機関が、固有の制度として登場し、さまざまな関税引下げ交渉、最恵国待遇条項、差別禁止、内国民待遇の要請、非関税貿易障壁の禁止とともに、おそらくはグローバル化のプロセスが促進されてきたということである[11]。世界的規模での貿易取引法（Welthandelsrecht）は、自国の定義を前提に公益上貿易制限措置を講じるような締約国に対し、そうした措置を正当化するための挙証責任を課している。相手国に対し貿易制裁措置を採る権限が付与されることを回避しようとすれば、締約国は世界貿易機関の紛争解決部局においてこの責任を果たさなければならない。これに対応した制度は地域レヴェルでもみられる。どの地域でも、諸国は自由貿易地域、共同市場および通貨連合を形成するために連携している。その目的は——大きな成果を挙げつつあるが——域内の貿易取引を拡大し、自分よりももっと大きな力を持った活動主体に対抗して少しでも強大な市場支配力を獲得しようとするという点にある。

その結果、各国の国内法による規制は、経済成長の促進、環境の保護、労働法上の保護、そして健康への配慮といったような正当性を有するさまざまな目標を達成するようにという圧力にますます強くさらされるようになってきている。その際、世界貿易機関は、規制を緩和し、そして国際的な次元において諸国の法の間で調和をもたらす契機を与えるものとして位置付けられている。さまざまな次元でそれぞれ生み出されている国際水準に各国の国内法規を対応させることができる場合でなければ、自国の国内法規が世界貿易機関の法に違反していないと断言することはできない[12]。世界的規模での貿易取引法がどの程度まで発展途上国の利益に対応しているかという点も、争われている問題のひとつである[13]。

批判は世界貿易機関に対して向けられているだけではない。国際通貨基金も疑いの目でみられている。国際通貨基金の職務には、国際収支の赤字や通貨危機を資金の貸付により切り抜けることも含まれている。国際通貨基金による資金提供では、債務者に固有の事情を考慮して、貸付条件が定められている。これらの貸付条件は一般原則（いわゆる条件制限）に従ったものであり、その狙いは、当該国において国家が支配する範囲を抑え込み、私人の自発的行動を強化することにある。国際通貨基金が非難されたのは、国際通貨基金が設けた指導理念があまりにも一方的に先進工業諸国の経済政策上の諸原則を反映したものであり、それゆえ、地域ごとの特殊性がほとんど考慮されていなかったためであった。特に経済構造が脆弱な諸国では、自己責任や主権を問題とすることなどまったく期待し得ないであろう。むしろそれらの国の多くは複数の国際組織によって「オンラインで」コントロールされているからである[14]。

この種の利益衝突に端を発した政治的・法的な論争は今なお止むことなく続けられている。しかしながら、国際的な経済秩序のもとでどのような機能が国際法に付与されるべきかという点についてまだ満足の行くような解答がみられないことを考えれば、右の説明からそれ以上の内容を引き出すことはできないであろう。国際組織と国家との間でどのように役割を分担すべきかに関する見方の違いを克服することは、現実論に属する諸学説と理念論に属するそれらとが並立しているために、失敗に終わっている。[15] これら二つの陣営のうち、一方の論者が特に世界貿易機関と国際通貨基金に対してグローバル化がもたらすマイナス面の責任を負わせ、これらの機関の影響力を制限しようとしているのに対して、[16] 他方の論者は、グローバル化がその他の国際組織と力を合わせて、国家の秩序形成力の喪失を埋め合わせることができるという希望をグローバル化という語に込めている。[17]

二　政治的グローバル化

グローバル化の特徴が国家主権の意味を失わせることにあるとすれば、経済的グローバル化は必然的に政治的グローバル化をもたらすことであろう。こうした視点をとるのが自由主義的な政治理論である。その説明によると、国家が支配力を失う一方で、国家以外の行為主体が支配力を増し、しかもその比重をますます高めて、国民国家と並んで独自に活動するようになる。国家主権が失われてくると、これに代わって登場するのが、グローバル・ガヴァナンスである。グローバル・ガヴァナンスを行なうのは超国家的な組織や国際組織である。非政府組織や多国籍企業も「世界的規模での市民社会」の構成単位としてグローバル・ガヴァナンスの判断に参加している。[18]

こうした分析に基づいて法理論的ヴァリエイションを考えようとすれば、「超国家的な（transnational）」という言葉で表される法の重要性がますます高まってくることであろう。「超国家的な」法とは、国家によって直接に生み出されていないものすべてをいう。特に重要なのは、ヨーロッパ連合のような国家を超越したシステムとその憲法制定権能、世界貿易機関のようにこれからもますます法を生み出す力を有する組織体、国連環境計画・世界保健機関・国連児童基金のような政策形成機関の活動、非政府組織の各種プログラム、そして、超国家的な形式の経済法である商人法（lex mercatoria）や国際仲裁、これらである。[19]

この種のモデルを想定する前提には、グローバル・ガヴァナンスは普遍的公共利益に合致するという仮説がある。個別国家の事情を考慮し、またそれぞれに権限を有する国際組織で基準とされる第一次法を考えながら、どのような基準に従ってグローバルな共通利益が追求されるべきか、そして、その方向性を決定する指導理念がどのようにして生まれるのかといった問題を検討することが必要であるのに、それらが政治理論の研究対象から除外されているために、これらの問題についてはまったく論議されていない。

三　倫理的グローバル化は可能か

こうした仮説を前提とすれば、個別国家の諸事情を反映して、そのつど固有の部分的法秩序が生まれることになろう。法の多元性を認めるこうした理解の基礎には、ドイツ法制史における普通法の成立史と同様、国際的規模で法律家層が有している共通の確信があろう。そうした確信は、特に「法の支配（Rule of Law）」とか人権とかといったものから生じる普遍的な「合法性の基準」を通じて国際法が構成されているという点に配慮したものである。[20]

こうした論議を続けるとしても、そこで得られるのは、所詮、「一部分にしかあてはまらない学説」でしかない。それゆえ、せいぜい中核的な部分にしか共通の倫理を見出し得ないであろう。[21]というのは、どのような原則や法が普遍的であり、それらがどのような内容を持っているのかといった問題は、その点がここで調和されていなければならないのに、そうした統一像がないため、法的伝統を異にするそれぞれの多様な背景のもとで、まったく別々に考察されているからである。それぞれの法文化的伝統を脱ぎ捨てた結果、そこにみられるのはどのような構造のものかという点はなお未解決のままである。それぞれの法文化的伝統の間にみられる違いはきわめて大きい。それでも、諸国の憲法中に、特に人権に関して、際立った特徴がみられるとすれば、われわれの向かうべき方向性が示されることになろう。

ドイツ基本法では、人権の尊重が最高の価値として憲法秩序の頂点に置かれている。憲法秩序は、人権の尊重を介して、「厳格な権利論」という意味で倫理的な定着を図ってきた。第二次世界大戦後の特殊な状況に起因するこうした判断から導き出された従来の支配的見解によれば、人権の尊重に対応する特定の人間像として、純粋に自己責任に基づいて自己決定をなし得る可能性を持ったものが想定されている。これまで支配的であったこうした見解と結び付けて、まだ生まれてさえいない生命をも尊重するに値するものだとみなすならば、その結果、ヒトの遺伝学はきわめて狭い範囲内に閉じ込められることとなろう。これに対して、胎児の原細胞に関する研究では、こうした見方を絶対視する考えはますます弱まってきている。胎児の人権が侵害されているという見方がますます弱まっていることの証拠として特に挙げられるのは、比較法の成果である。(22) 国際的な基準に基づいてドイツ基本法を解釈するようにという要請はグローバル化に伴う現象としても説明することができるが、しかし、こうした要請の背後にはつねに、もしそうしなかったら、この種の研究計画がますます外国でしか行なわれなくなるといった政策的な考慮もある。

グローバル化の結果として生じる平準化と、一国の憲法上の価値秩序を維持しようとする個別国家による伝統的解釈との間に対立がみられることは決して特殊な例ではない。国境を無くしてしまうようなその他の動き、たとえば、グローバルな規模での人々の移動や国境を越えて行なわれる犯罪についてもこれと同様の考慮が払われている。基本権に対する介入措置を正当化するか否かという問題を処理する上で共通基準や合目的性を考えようとする動きは一般的な現象となっているようにみえる。政治亡命者の庇護権を基本権として尊重する考えの背後には、ヨーロッパにおける最小限度の基準に対する適応がドイツでもすでに行なわれていることが示されている。(23) これに似たことがみられるのは、私人の領域を保護する基本権のうち、刑事訴追や危険防止を実効性あるものとする点で国家的利益と衝突するものの場合である。[24] グローバルな規模で行なわれるテロ行為に対しては、情報保護、通信の秘密、それに住居の不可侵性が持っている価値を再評価することで、何とか対処しようとする動きがみられる。[25] 自由と安全とを比較検討する場合、電話の監視、スクリーン画面での追跡、ＤＮＡ（デオキシリボ核酸）による分析、これらを日常的に実施しても合憲であると判断するような憲法裁判がこうした動きを助長している。[26]

ドイツ連邦憲法裁判所が通信の秘密を取り扱ったリュート（Lüth）事件判決[27]で述べていた「客観的価値秩序」という文言は、「基本権」という言葉と異なるにも拘らず、基本権が有する一定の機能を考えれば、それとほぼ同義語と考えることができよう。実体をみると、その当時強調されていたような、「基本権」に対するあたかも信仰のような性質付けはこんにちではかなり相対化され、合目的的視点から他の言葉に置き換えることができる「基本権保護」という表現の前に後退してしまっている。しかし、この「基本権保護」という文言は、もはやそれ以上の根源的な根拠を持っていないように思われる。それでも、この言葉が用いられたことによって、ヨーロッパ連合基本権憲章[28]中に書き留められている国際的基準への適応がドイツ法においても行なわれている。これらの国際的基準もまた、ヨーロッパ人権条約で定められているようないくつかの例外を除けば、基本権に対する制限としては、比例性の原則（第五二条）ほどには機能しないことが知られている。

これまでに述べてきたどの結果をみても分かるように、グローバル化のプロセスから国内で必然的な変化が生じるとは必ずしもいえないし、基本権に関する基準を調和させることがどの点からみても好ましくないということもできない。重要なのは、各国の競争力を改善するため、そして、そのことと平行して現れることであるが、国内市場を対外的に開放するため、どのような対価が支払われるべきかという点をめぐって繰り返し提起される問題に対して、そのつど答えを見付けることである。国際社会の発展を全般的にみると、最小限度共通の規範を持てるように折り合いを付けることは、価値判断の放棄がもたらすマイナスの帰結を抑えるためにも、まず必要な一歩といえよう。

第三節　断片化

これまで行なってきた国際関係に対する分析は、どちらかといえば、規制緩和、伝統からの脱却、諸規範の調和へと向かう傾向を強調したものであった。しかし、検討の視点をこのように限定することを正当化する理由は、選択された政策分野ごとに別々に探求されなければならない。国際経済の現象形態はどの程度グローバル化が進んでいるかを示すものである。国際経済は、第二次世界大戦終結以降、協力の密度を絶えず高め続けている分野であり、したがって、自由主義的理論と制度学派の理論が特に推奨される領域である。国際経済以外の分野についてもここに述べたような帰結を「数え切れないほど多く」みることができよう。

これに対して、グローバル化のもたらす結果がどのようなシステムにとって効果を挙げているかという点は争われている。グローバル化の対語となるのは、断片化、再国有化、地域化といったテーゼである。経済的・技術的な活力がみられるのは発展した地域に限られており、その他の地域はそうした活力から取り残されている。安全保障という政策分野は、依然として、国連が職務上権力を独占して規制するというよりもむしろ、国内的思考によって形作られている分野である。それと同時に、地域的衝突の事例が多く存在することが、東西冷戦当時もその終結後も、普遍的な価値秩序が存在しないことのひとつの証となっている。旧来の地域的勢力が新しい役割を探し求めているその一方で、新しい勢力も生まれてきている。諸文化の間の争いを無くそうとすることはまったくの幻想でしかないという点は特に知られているところであって、実際には、そうした争いは無くなるどころか、むしろ争いが生じる方向に世界は動いている[29]。

考慮しなければならないのはこれとは正反対のテーゼ、すなわち、グローバル・ガヴァナンスという考えを採用することによって、国民国家が一国主義に向かう傾向を無くしたり、少なくとも放置できるくらいにはその影響を小さくしたりすることができるというテーゼである。グローバル・ガヴァナンスを行なおうとすれば、過激な地域衝突に対しては人道的介入をすることで対抗しなければならない[30]。しかしながら、基本的人権に対する明白な違反行為が旧ユーゴスラヴィアで行なわれた事態に直面しても国連が拒否の姿勢を見せたことや、緊迫した大量虐殺の発生がルアンダではっきりと指摘されていたのに、国連が取り返しがつかないほどためらいを見せたことは、グローバル・ガヴァナンスが依然として稀な例外でしかないことを証明している。

過去数年間にみられたその他の事象も、国際的な協力活動に対してさほど期待することができないという現実を如実に示している。その好例は、最近のイラク戦争でアメリカとイギリスが行なった自衛権の一方的な拡大解釈とこれら両国による広範な国連無視であり、また、アメリカ、ロシア、中国といった強大な行為主体が気候変動枠組条約のための京都議定書や国際刑事裁判所設立のような普遍的計画の際に示した消極的行動であり、カンクンにおける世界貿易機関会議の挫折であり、そしてヨーロッパ憲法条約可決の試みが行なわれた際のヨーロッパ理事会の失敗である。

それゆえ、グローバル・ガヴァナンスには明らかに限界があるし、グローバル・ガヴァナンスと一方主義とは共存する余地がある。こうした結果から考えると、それぞれの観点に応じて、以下に示すように、まったく異なった結論を引き出すことができる：

・現実的な考えをする陣営では、人々の間に、一方的行動こそ自国固有の利益に最もよく適うという確信が強くなっているようにみえる。覇権を目指す考え方では、一国の通商政策の強化とグローバル化とが対立するものとみなされている。その場合、諸文化の衝突の有無や衝突の強さに応じて、外界から隔絶したり、威嚇したり、または防衛したりすることがそれぞれに適切な戦略であるとみなされることであろう[31]。

・古典的制度学派の理論は、グローバル化と一国主義というこれら二つの現象に対して、同じように、国際組織の強化を推奨している[32]。

・中間的解決策として考えられる提案によれば、人権に関する共通確信と自由主義経済とを結び付けている諸国は各国間の関係の内容に応じて互いに折り合いを付けている（自由主義国は自由主義ではない国に対してこのような見方をしている）。これは比較的狭い範囲で行なわれる一種の自己規制であり、その範囲については独自の国際法理論が形成されなければならない[33]。

結論としていえることであるが、国家は、主要な行為主体としてみると、確かに影響力を失ってしまってはいるが、それでも、グローバル化に関する多くの分析で述べられているほど全面的に影響力を失ってしまったわけではない。むしろ、一方主義的国家利益と共同体的利益との間に緊張関係があることは、歴史上いつでもみられる現象である[34]。国際法の倫理的内容が何かという問題を考える場合、その意味するところは、せいぜい、世界に通用する倫理は国内的基準および地域的基準の弱体化を妨げることができるが、それでも、世界に通用する倫理が地域的にそれぞれ内容を異にする倫理に取って代わることはなくただそれらを補充することができるにすぎないということであろう。

第四節　テーゼ――「国際法は倫理的規範の担い手である」

法と道徳というテーマを取り上げてみると、国際関係論における論議を一目見てもすぐ分かるように、グローバル化をめぐる実際の論議よりずっと深いところまで議論が進んでいる。権力や法がどの程度まで基準として用いられているかという問いに対する解答はまさしく論者の評価それ自体にほかならず、そうした評価は循環論に陥っている。この種の根拠が不確定なものであることを考えると、果たして国際関係の倫理的な基盤は一体どこに存在するのであろうか。

倫理的諸原則は、普遍的拘束力を求める要求を生み出している。これらの原則は間主体的な関係にみられる行動についての正当な期待を表しているとみなすことができる。こうした期待を正当化するものは、繰り返しになるが、さまざまな規範の方向性に関する共通の確信である。われわれはそうした確信を伝統的に、すなわち宗教的または文化的に、根拠付けることができるし、また合理的に、それゆえ哲学的に引き出すことができる。国家間での普遍的拘束力を基礎付けるためには、さらに二つのステップが必要となる。というのは、一方では、共通の確信は、文化的にみて相対的であると同時に、普遍的に正当とされる期待に基づいて基礎付けられていなければならないからであり、他方で、間主体的な規定はそのままのかたちで直ちに国家間でも有効だとされるわけではないからである。[35]

ここで著者が主張しているテーゼは、今日では国際法自体にこの種の国際的な最低の道徳が含まれているというものである。[36] こうした説明を基礎付けるために、二つのステップを辿ることにしよう。最初に示されるのは、国際法はどのような道徳的内容を有するかという点である。それに続けて説明されるのは、それらの道徳的内容はどのようにして国際法の中に入り込んでいるかという点である。その場合、グローバル化の時代においても、またこれとは逆に断片化の時代においても、倫理的な相違を乗り越えることはできるのだという期待を種々の価値観念の間に違いがある中で正当化するものは何なのかという点について態度表明が行なわれるべきであろう。

（5） *U. Menzel*, Zwischen Idealismus und Realismus, 2001, 28.

（6） *H. J. Morgenthau*, Politics Among Nations, 5. Aufl. 1978; *G. Schwarzenberger*, Power Politics, 3. Aufl. 1964.

（7） ここでのいわゆる理念論者の系譜を受け継ぐ者は自由派理論（liberale Theorien）であるとか制度派理論（institutionalistische Theorien）の一変種であるとかとみなされている。参照されるのは、*E.-O. Czempiel*, in: *K. v. Beyme* u.a. (Hrsg.), Politikwissenschaft, Bd. III, 1987, 3, 6 ff.; *V. Rittberger*, Internationale Organisationen, 1995, 74 ff.; *K. van der Pijl*, Vordenker der Weltpolitik, 1996, 19 ff.; *Menzel*（前注（5））, 20 ff. である。

（8） 参照されるのは、*M. Koskenniemi*, From Apology to Utopia, 1989 である。これは、政治理論の背景にあるものの検討に先立って、国際法理論の萌芽を考察している（52 ff.; ここで単純化して現実論と表現されている立場に分類されるのはシュヴァルツェンベルガーとモーゲンソー（彼らは国際法を狭く限定された法的秩序または弱い法的秩序とみている）であり、理念論に立つ諸理論に分類されるのはたとえばアルヴァレス（彼は国際法を規範的に強化された、実質的にみて包括的なシステムであるとみている）である（154 ff.）。

（9） 以下の記述について参照されるのは、アンケート委員会の中間報告書、„Globalisierung der Weltwirtschaft – Her-ausforderungen und Antworten", BT Dr. 14/6910; *P. Nunnenkamp/E. Grundlach/J. P. Agrawal*, Globalisation of Production and Markets, Kieler Studien Nr. 262, 1994; *G. Dieckheuer*, Internationale Wirtschaftsbeziehungen, 5. Aufl. 2001, 27 ff. である。

（10） これと正反対のテーゼを示しているのは、たとえば、*D. Cohen*, Richesse du monde, pauvreté des nations, 1997 (dt. Fehldiagnose Globalisierung, 1998) の場合である：グローバル化の過程は工業国の社会構造を変化させるものではない。むしろ、自己責任を自覚した労働者側の変化の結果、グローバル化により、必要とされる労働市場が作り出された。；このほかに参照されるのは、*N. Berthold*, Der Sozialstaat im Zeitalter der Globalisierung, 1997, 9 („meiste Probleme hausgemacht") である。

(11) この意味でこの語を用いているものとしては、たとえば、*M. Herdegen*, Internationales Wirtschaftsrecht, 3. Aufl. 2002, § 3 Rn. 54 ; *W. Weis/C. Herrmann*, Welthandelsrecht, 2003, Rn. 17 がある。

(12) 参照されるのは、警察権を有する保健衛生官庁が行なう措置および病虫害に対する植物保護法上の措置の適用に関する条約第三条 (Art. 3 Übk. über die Anwendung gesundheitspolizeilicher und pflanzenschutzrechtlicher Maßnahmen), ABl. EG L 336/40 ; 技術的取引障害に関する条約第二・四条 (Art. 2.4 des Übk. über technische Handelshemmnisse (TBT)), ABl. EG 1994 L 336/86 である。

(13) これについては、*M. J. Trebilcock/R. Howse*, The Regulation of International Trade, 2. Aufl. 1999, 367 ff.

(14) *K. Dicke*, Erscheinungsformen und Wirkungen von Globalisierung in Struktur und Recht des internationalen Systems auf universaler und regionaler Ebene sowie gegenläufige Renationalisierungstendenzen, BDGVR 39 (2000), 13, 32 f.

(15) 世界貿易機関は「現実論者」と「自由主義論者」との間での学派の争いを反映したテスト・ケースである。現実論が、理念史上、(新)重商主義の経済政策と結び付いているのに対して、自由主義学派は自由貿易論と結び付いている。これについて参照されるのは、*Menzel* (Fn. 5), 28, 170 である；同書の場合、世界貿易機関は保護主義論者が主張する利益を擁護するための権力機構とならなければならないであろうが、このことは世界貿易機関設立の企図、われわれがこれまでに当然自明であると考えてきた状況、グローバル化に関して世界貿易機関に対して向けられてきた批判、これらとは相容れないであろう。これに対して、政治的な現実論と経済的な自由主義との間に親和性をみているのが *H. Küng*, Weltethos für Weltpolitik und Weltwirtschaft, 1997, 250 f. である；経済学上の自由主義と政治学上の自由主義との間にある矛盾はこの種の誤解を助長するものであるが、こうした矛盾については *S. Oeter*, Internationale Organisation oder Weltföderation ?, in : *H. Brunkhorst/M. Kettner* (Hrsg.), Globalisierung und Demokratie, 2000, 208 ff.

(16) 参照されるのは、*M. Levi/D. Olson*, The Battles in Seattle, Politics & Society 28 (2000), 309 ff. である。

(17) *E.- O. Czempiel*, Reform der UNO, 1995 ; *D. Messner/F. Nuscheler*, Global Governance, in : *dies.* (Hrsg.), Weltkonferenzen und Weltberichte, 1996, 12 ff. ; *M. Zürn*, Regieren jenseits des Nationalstaats, 1998.

(18) *Grdl. J. S. Rosenau*, Governance, Order, and Change in the World, in : *ders./W.- O. Czempiel* (Hrsg.), Governance without Government : Order and Change in World Politics, 1992, 1, 4 ff. ; 参照されるものとしてはまた、*Zürn*（前注（17））; *J. Habermas*, Die postnationale Konstellation und die Zukunft der Demokratie, in : *ders.*, Die postnationale Konstellation, 1998, 91, 105 ff. がある。

(19) 参照されるのはたとえば、*G. Teubner*, Globale Bukowina, RJ 15 (1996), 255 ff.；*F. Snyder*, Governing Economic Globalisation：Global Legal Pluralism and European Law, EJIL 5 (1999), 334 ff.；*K. Günther*, Rechtspluralismus und universaler Code der Legalität：Globalisierung als rechtstheoretisches Problem, FS Jürgen Habermas, 2001, 539 ff.；*P. Zumbansen*, Die vergangene Zukunft des Völkerrechts, KJ 34 (2001), 46 ff. である。

(20) *Günther*（前注(19)）.

(21) *M. Walzer*, Thick and Thin. Moral Argument at Home and Abroad, 1994（ドイツ語版として、Lokale Kritik – globale Standards, 1996）参照。

(22) 治療のために用いられるクローンについては *M. Herdegen*, in：*Maunz/Dürig*, Grundgesetz, Art. 1 Rn. 99（新版は二〇〇三年版である）；このほか（ここでは他の法秩序への言及は行なわれていない）*H. Dreier*, in：*ders.* (Hrsg.), Grundgesetz Kommentar, Bd. 1, 1996, Art. 1 I Rn. 56 ff.；旧来の支配的見解については、*G. Dürig*, in：*Maunz/Dürig*, Art. 1 Rn. 6, 15 (Erstbearbeitung 1958)；*E.-W. Böckenförde*, Die Menschenwürde war unantastbar, FAZ v. 3. 9. 2003, 33；*ders.*, Menschenwürde als normatives Prinzip, JZ 2003, 809, 812 f.；現代における価値秩序の概念について明らかにしているのは、*Ch. Enders*, Die Menschenwürde in der Verfassungsordnung, 1997, 34 ff., 406 ff. である。

(23) 旧法時代の難民法について参照されるのは、このほか、*O. Kimminich*, Grundprobleme des Asylrechts, 1983, 97 ff.；*O. Bachof*, Hände weg vom Grundgesetz!, FS Günter Dürig, 1990, 319 ff. である。

(24) 危険防止のため新たに導入された電話に対する監視については、たとえば、二〇〇二年六月二〇日の形式における一九九二年六月四日の警察の任務および権限に関するテューリンゲン州法（Thüringer Gesetz über die Aufgaben und Befugnisse der Polizei v. 4. Juni 1992, i.d.F. v. 20. Juni 2002）第三四a条および第三五条、GVBl. S. 247。

(25) 参照されるのは、*W. Hoffmann-Riem*, Freiheit und Sicherheit im Angesicht terroristischer Anschläge, ZRP 2002, 497, 499 ff.；*D. Kugelmann*, Betroffensein der ausländischen Wohnbevölkerung von Maßnahmen der Terrorismusbekämpfung, ZAR 2003, 96, 97 ff.；*H. Lisken*, Zur polizeilichen Rasterfahndung, NVwZ 2002, 513, 515 ff. のみである。

(26) 通信の秘密について参照されるのは、BVerfGE 30, 1, 23 ff. および BVerfGE 100, 313, 358 ff. である；出版の自由と危険防止との比較考量については BVerfG NJW 2002, 1787；無罪判決が下された場合の予防的配慮に基づくデータ記録については BVerfG (Kammer), NJW 2002, 3231；ＤＮＡ比較分析については BVerfG (Kammer), NJW 1996, 3071.

(27) BVerfGE 7, 198, 205 f.

(28) ABl. EG 2000 C Nr. 364/1.

(29) *S. Huntington*, The Clash of Civilizations, 1995（ドイツ語版として、Kampf der Kulturen, 1996）；これについては、*S. U. Pieper*, „The Clash of Civilizations“ und das Völkerrecht, Rechtstheorie 29 (1998), 331 ff.

(30) *F.R. Tesón*, The liberal case for humanitarian intervention, in : *J. L. Holzgrefe/R. O. Keohane* (Hrsg.), Humanitarian Intervention. Ethical, Legal and Political Dilemmas, 2003, 93 ff. ; *R. O. Keohane*, Political authority after intervention. Gradations of sovereignty, ebd. 275 ff.

(31) *S. Huntington*, The Clash of Civilizations ?, Foreign Affairs 72.3 (Summer 1993), 22, 48 f.

(32) *Zürn*（前注(17)), 165 ff. ; *D. Held*, Democracy and the New International Order, in : *ders./D. Archibugi* (Hrsg.), Cosmopolitan Democracy : An Agenda for a New World Order, 1995, 96, 106 ff. ; *D. Archibugi*, From the United Nations to Cosmopolitan Democracy, ebd. 121 ff.

(33) この理論によれば、国家はもはや全体を統一する法主体としては捉えられていない；それでも、政治的権力を有する国家の中枢機関（政府、行政機関、立法機関）は国際的な次元で活動している。これについて参照されるのは、*A.- M. Slaughter*, International Law in a World of Liberal States, EJIL 6 (1995), 503 ff. ; *dies.*, The Real New World Order, Foreign Affairs 76.5 (Sept./Oct. 1997), 183 ff. である。

(34) *Koskenniemi*（前注(8)); *ders.*, The Politics of International Law, EJIL 1 (1990), 4 ff. ; *D. Kennedy*, International Legal Structures, 1987.

(35) 参照されるのは、*O. Höffe*, Kategorische Rechtsprinzipien, 1990, 249 ff. である；さらに、*ders.* (Hrsg.), Immanuel Kant. Zum ewigen Frieden, 1995, 245 ff.

(36) 政治学および国際法学以外では、国際法に倫理的な根拠があるという見方がしばしば前提とされている。この点について参照されるのは、*Küng*（前注(15)) 41, 90, 139, 146, 205 f., 295 ff. である。

第三章　国際法の倫理的内容

第一節　規　範

国際法におけるいわゆるウェストファリア体制、すなわち一六四八年に締結された複数の和平条約をもって成立した、国民国家から成る世界は、主権、属地主義、そして合法性を基盤とし、それぞれの政治的利益を有する複数の国家の存在を前面に押し出していた。国家だけがひとつの単位として法主体性を有しているのであって、諸国家間におけるさまざまな関係は国際法秩序においては考慮されておらず、国家権力の合法性はなんら疑われていなかった。こうした状況に変化がみられたのは、一九世紀および二〇世紀初頭のことであった。イギリスの奴隷制廃止政策によって、奴隷取引の国際法的禁止がもたらされた(37)。国際赤十字委員会とハーグ和平会議が設置されたことにより、人道が戦争法で取り上げられるようになった(38)。ウッドロー・ウィルソンの平和一四か条とその結果生まれた相互集団的安全保障制度としての国際連盟、自己決定という考えに基づいて設けられた少数者保護制度、第一次世界大戦は国際法上犯罪行為であるとしたヴェルサイユ条約における判断、そして最後に、ブリアン・ケロッグ条約（パリ不戦条約）でなされた侵略戦争の禁止、これらによって、道徳的内容を有する包括的な国際法が実施されることとなった(39)。こうした傾向は、第二次世界大戦以降においても、国連憲章によって維持されている。このようにみるのは、国連憲章において、平和維持と人権が国連の掲げる最高の目標であることが宣言されているからである。

今日では、倫理的諸原則が国際法規範を形成しているということができよう。軍事力の投入が正当とされるのは例外的な事案においてのみである。人権の遵守はグローバルな保護制度と地域的な保護制度の双方において監視されている。国際法たる国際刑法は新たに創設された複数の国際刑事裁判所によって適用されており、これら国際刑事裁判所では主権免除は認められていない。世界銀行と地域ごとに設けられた地域開発銀行は、発展途上国との連帯という考えを、すなわち、多数国間条約締結作業にみられるような通商優先や途上国優先条項のようなものを実現するように努めなければならない。公海や宇宙空間のように諸国が地球全体として自由に利用できる空間、環境、そして地球的規模での文化、これらは人類の共通財産とみなされており、これら共通財産の維持管理等についてはすべての国が共同の責任を負っている。

実体法の発展は、さまざまな組織、機関、常設会議、計画等によって行なわれてきた、国際関係を緊密にしようとする継続的な努力の過程と結び付けられている。すでに数十年も前から観察されてきていることであるが、国際法は「共存のための秩序」から「協力のための法」へと変わってきている。[40] 協力のための法である国際法には、個別国家の利益だけでなく、共同体の利益の考慮も含まれている。[41] それゆえ、こんにち存在する国際法は、具体的問題の解決を志向した妥協に基づく法であるというだけでなく、普遍性のある倫理的基盤を備えているのであって、その結果、どの国も行動する上でこの普遍性のある倫理的基盤に従わなければならなくなっている。

第二節　規範カテゴリー

国際法のこうした変化は一時的なものではなく、原則的なものである。国際的秩序としての内容を最小限に確保するこれらの規範によって特殊な法律効果が生み出されてきた。そうした法律効果はユス・コーゲンス（強行規範）や普遍的義務（一般対世的義務（erga omnes））といった規範カテゴリーの中にみることができる。ヴィーン条約法条約は慣習法を再現したものであるが、同条約の規定では、国際法上の条約で、強行性のある国際法（ius cogens）に違反するものは無効とされている。[42] 強行規範の例は、暴力行為禁止の中核を成す部分、戦争犯罪の禁止、大量虐殺や奴隷や拷問のような人道に対する犯罪、環境保護に関わるようなおそらくは国家の基本的義務ともいえるものである。[43] 普遍的義務の規範は国家共同体に対する義務を全般的に設定するものであり、この義務に違反した国が負うべき責任も一層強化されている。[44] これら、何よりもまず真正の国際法的な規範カテゴリーは、その後これまでの間に、国内法に対しても影響を及ぼし始めている。

諸国の国家法秩序上一体どこにそうした影響が及んでいるのかをみるには、最近のいくつかの裁判の審理対象をみるとよい。というのは、これらの裁判例ではパラダイムの転換が示されているからである。これらの裁判例では、国内法が自国領域内での国際法の地位を決定するというドグマから徐々に離れることが支持されている。[45] ヨーロッパ人権裁判所によって確認されているが、ドイツの裁判所は、かつて東ドイツ人民軍が行なってきたいわゆる「壁を守る行為」が基本的人権に違反する場合、ドイツ民主共和国で適用されていた法や命令に基づいてなされたことを理由に、今日の時点でそうした行為を正当化することはできないと述べていた。[46] このほかにも、人間として取るべきであると基本的に要請されているところから生じるさまざまな義務が国家主権から生じる義務に優先するとされている。たとえば、ベルギーの法律は国際法違反行為についてベルギー司法当局の管轄権行使を要求しており、当該犯罪行為がベルギーの領域上で行なわれていたか、ベルギー国民によって行なわれていたか、またベルギーの法的財産に対して行なわれていたか、といった諸点をまったく考慮していない。[47] スペインの裁判所は、この種の犯罪行為の容疑者のうちチリ、アルゼンチンおよびグアテマラ出身者の引渡しを求めており、これらの者が当該国政府の当時の閣僚であったことを理由に主権免除を享有できるか否かを問題としていない。[48] こうした動きと逆行するのが国際司法裁判所の裁判である。そこでは、外国政府の閣僚に対し国内裁判所で行なわれている刑事訴追手続で、少なくともこの者がその職にとどまっている限り、主権免除を認めるという立場が維持されている。[49] ヨーロッパ人権裁判所のアル・アドゥサニ（Al Adsani）事件では、クウェート人が拷問を理由にその本国であるクウェートを被告として補償を求める訴えをイギリスの裁判所に提起していたが、国内裁判所が被告国家に対して主権免除を認めているときは、ヨーロッパ人権条約違反はないと判断された。[50] しかしながら、これらの事例が示しているように、今日では状況は変わってきている。国際法という秩序を形成する古典的な要因は、かつて諸国の憲法秩序上の事項とされていた規範内容と対立関係にあるものであった。これに対して、国際法が採用してきた諸規範は、ますます、憲法的性質を有すると同時に、当該国の国家法に対しても反対に影響を及ぼしてきている。

第三節　憲法規範化

ここに述べたようなパラダイムの転換は、概念的には、憲法規範化（Konstitutionalisierung）という言葉で捉えられている。[51] この概念については、一連の規範構成要素を証拠として挙げることができよう。

基本権を遵守することは、かなり以前から、もはやたんなる国内問題ではなくなっている（国連憲章第五五条 c項）。国家と超国家的組織や国際組織との結び付きについて考察する際の基準は、連邦制という新しい多層的な構成体モデルに対応したものとなっている。[52] 特に世界的規模での貿易取引法や地域的統合の枠組みにみられるが、国際仲裁を強制的紛争解決システムとして利用することがますます増えてきている。それに伴って、国際的な「法の支配」という考え方が法治国家を補完する仕組みとして強まってきている[53]。民主主義の原則が国際法でもしだいに定着してきているということを示す論拠もますます多く提出されるようになっている[54]。国連の市民的および政治的権利に関する国際規約でもヨーロッパ人権条約追加議定書でも、法を選び、また法が選ばれるような内容が採用されている[55]。多くの国家法では、民主主義社会で必要とされているときでなければ、国家の介入は認められない（ヨーロッパ人権条約第八条ないし第一一条）。ヨーロッパ理事会やヨーロッパ連合の加盟国となるためには、この点で最低基準が満たされていなければならない。国家間で法的関係を形成する際には、国内政府が正当性を有することという視点もますます重要になっている。ヨーロッパ諸国によりますます盛んに行なわれている準備作業が示すように、ヨーロッパを拡大し発展させようとする政策の重心はこうした基準に基づいて方向付けられている[56]。

一方において強行規範や普遍的義務規範の形成を考え、他方において国際法の憲法規範化の萌芽を考える場合、倫理的な内容の規範を国際的次元で見出すことのできる方法が二つあることが分かる。そのひとつは、伝統的なやり方である法の創造を国際法において行なうことであり、他のひとつは、もともとは国内法上の諸原理であったものがしだいに国際法上の秩序の一部となり、普遍的国際法になってきたというものである。以下では、これら二つの規範の成立についてみることとしよう。

(37) 覇権主義に着目した解釈については、*W. Grewe*, Epochen der Völkerrechtsgeschichte, 1988, 652 ff.
(38) 現実主義の意味における相対化については、*J. Friedrich*, Das Gesetz des Krieges, 1995, 85 ff.
(39) 覇権についてこのほかに理論的に述べているのが、*C. Schmitt*, Der Nomos der Erde, 1950, 232 ff. の場合である。
(40) *W. Friedmann*, The Changing Structure of International Law, 1964 ; *A. Bleckmann*, Allgemeine Staats- und Völkerrechtslehre

– Vom Koexistenz- zum Kooperationsvölkerrecht, 1992；*ders.*, Völkerrecht, 2001, 237 ff.

(41) *C. Tomuschat*, Obligations Arising for States Without or Against Their Will, RdC 241 (1993-IV), 209 ff.；*B. Simma*, From Bilateralism to Community Interest in International Law, RdC 250 (1994-VI), 217, 235 ff.；*A. Paulus*, Die internationale Gemeinschaft im Völkerrecht, 2001, 142 ff.

(42) 一九六九年五月二三日の条約法に関するヴィーン条約（Wiener Übereinkommen über das Recht der Verträge v. 23. 5. 1969, UNTS 1155, 331；BGBl. 1985 II S. 927）第五三条。

(43) 細目については、*L. Hannikainen*, Peremptory Norms (Jus Cogens) in International Law, 1988；*S. Kadelbach*, Zwingendes Völkerrecht, 1992.

(44) Articles on Responsibility of States for Internationally Wrongful Acts, Res. der UN-Generalversammlung Nr. 56/83 v. 12. 12. 2001, Art. 48.

(45) 制限的なものとしてはこのほか、*S. Kadelbach*, International Law and the Incorporation of Treaties into Domestic Law, GYIL 42 (1999), 66 ff.；なお参照されるものとして、*M. Cottier*, Die Anwendbarkeit von völkerrechtlichen Normen im innerstaatlichen Bereich als Ausprägung der Konstitutionalisierung des Völkerrechts, SZIER 9 (1999), 403 ff. および *A. Seibert-Fohr*, Neue internationale Anforderungen an die Überführung von Menschenrechtsabkommen in nationales Recht, ZaöRV 62 (2002), 391 ff.

(46) BVerfGE 95, 96；EGMR, *Fritz Streletz, Heinz Kessler und Egon Krenz v. Deutschland*, Rep. 2001-II, 463.

(47) Loi relative à la répression des violations graves du droit international humanitaire v. 16. 6. 1993, Moniteur belge ed. 2 v. 5. Mai 2003, 英語訳 ILM 42 (2003), 758. この法律は、この間に、アメリカ合衆国の圧力によって弱体化させられた。参照されるのは、二〇〇三年八月七日の最終形式におけるもの、Moniteur belge v. 7. 8. 2003, 40506, engl. Übs. ILM 42 (2003), 1258 である。

(48) ピノチェトの引渡要請に関するイギリス裁判所の判決については、ILM 37 (1998), 1302；38 (1999), 70 und 432；39 (2000), 135；さらに、アルゼンチンでなされた人道に対する犯罪に関するスペインの判決については、http://www.derechos.org/nizkor/arg/espana/audi/html、また、グアテマラにおける大量虐殺については、ILM 42 (2003), 683.

(49) 二〇〇二年二月一四日判決（コンゴ民主共和国対ベルギー（*Demokratische Republik Kongo/Belgien*）事件）、本件はイェロディア（Yerodia）事件としても知られている；これについては、*A. Cassese*, When May Senior State Officials Be Tried for

International Crimes ?, EJIL 13 (2002), 853 ff.; コンゴ共和国の訴えはまだ係属しているが、本件で問題となっているのは、拷問を加えたことを理由としてコンゴ大統領を尋問することを認めるフランス裁判所の命令である。これについて参照されるのは、ICJ Press Release 2002/37 v. 9. 12. 2002 である。

(50) EGMR No. 35763/97, *Al Adsani/GB*, EuGRZ 2002, 403.

(51) *J.A. Frowein*, Konstitutionalisierung des Völkerrechts, BDGVR 39 (1999), 2000, 427 ff.; *S. Hobe*, Die Zukunft des Völkerrechts im Zeitalter der Globalisierung, AVR 37 (1999), 253, 271 ff.; *S. Kadelbach*, Internationale Verflechtung, in: *B. Pieroth* (Hrsg.), Verfassungsrecht und soziale Wirklichkeit in Wechselwirkung, 2000, 161, 179 ff.

(52) 参照されるのは、たとえば、*I. Pernice*, Multilevel Constitutionalism in the European Union, ELR 2002, 511 ff.; *S. Hobe*, Der offene Verfassungsstaat zwischen Souveränität und Interdependenz, 1998 である。

(53) *D. Thürer*, Internationales „Rule of Law" – innerstaatliche Demokratie, SZIER 5 (1995), 455 ff.; *P. T. Stoll*, Freihandel und Verfassung. Gewährleistung und konstitutionelle Funktion der Welthandelsordnung, ZaöRV 57 (1997), 83 ff.

(54) *T. M. Franck*, The Emerging Right to Democratic Governance, AJIL 86 (1992), 46 ff.; *G. H. Fox*, The Right to Political Participation In International Law, Yale J. Int'l L. 17 (1992), 539 ff.; *J. Crawford*, Democracy in International Law, 1993; *D. Schindler*, Völkerrecht und Demokratie, in: FS Ignaz Seidl-Hohenveldern, 1998, 611 ff.

(55) 一九五二年三月二〇日の人権および基本的自由の保護のための条約に対する（第一次）追加議定書（(Erstes) Zusatzprotokoll zur Konvention zum Schutze der Menschenrechte und Grundfreiheiten v. 20. 3. 1952）第三条、UNTS 213, 262; BGBl. 2002 II S. 1072; 一九六六年一二月一九日の市民的権利および政治的権利に関する国際規約（Internationalen Pakt über bürgerliche und politische Rechte v. 19. 12. 1966）第二五条、UNTS 999, 171; BGBl. 1973 II S. 1534.

(56) これについては、*F. Hoffmeister*, Menschenrechts- und Demokratieklauseln in den vertraglichen Außenbeziehungen der Europäischen Gemeinschaft, 1998.

第四章　国際法と倫理との関係

第一節　法と道徳の分離

前述のように、たとえ国際法が道徳的価値とは没交渉であるとしても、それでも、法と道徳とを思考の上で区別することは、今日行なわれている国際法の理解に対応したものであるといえよう。国際法という規範体系は、一般的に承認された法制定ルールに基づいて成立した社会的な存在である。この規範体系は、直接に適用されることを主張し、中央集権的または地方分権的な強制手段をもって実施されるものであって、侵害に対してはその内容を修復する権限を付与されている。これに対して、倫理は法に先行して存在するルールであって、その成立の事情は多様であるが、みるところでは、倫理それ自体を強制することはできないし、違反に対して修復を求めるよう主張することもできない。

法と道徳を分離することについては国際法でも争いはない。というのは、両者の分離は実定法に即して説明されているからである。実定法と自然法とを一体として捉えることはすでにスペインの神学者スアレス（一五八四年～一六一七年）により取り上げられ、その後も、オランダの法学者グロティウス（一五八三年～一六四五年）、ドイツの哲学者ライプニッツ（一六四六年～一七一六年）、ドイツの国際法学者ヴォルフ（一六七九年～一七五四年）、そしてスイスで活動した外交官ヴァッテル（一七一四年～一七六七年）らがこれら二つの規範カテゴリーを区別していた。[57] 自然法的思考方法と実定法的思考方法の違いを示すのは、制定された法は最終的にいかなる権威から引き出されなければならないかという問いに対する解答であり。前者は、善いことと正しいこととの一致を理由として引き出すことができるとし、後者は、一定の立法手続に従っているということによって引き出されるとする。その場合、どちらの見方も、教会法に基づいて出されている異議と対決しなければならない。自然法学者に対しては、一般的拘束力を求める主張をどのように基礎付けようとするのか、たとえば、「善」という概念をどのようにして一般的拘束力を持つものとして捉えるのかなどについて証明することが求められているし、さまざまな種類の法実証主義に対しては、それぞれの法実証主義が用いている法概念は道徳とは関わりがなく、任意に選ばれたものでしかないという点が指摘されている。ここでは、これらの批判についてもそれぞれの論者による反批判についても詳しく検討する余裕はないが、次の二つの点に留意しておくべきであろう——

第一に、多くの自然法理論に対して認識論の視点から異議が出されていることを考えると、法と道徳との分離を維持するという構成については、賛成することができよう。

第二に、道徳に反する法が生まれる可能性を擁護する者は誰もいない。しかし、問題なのは、普遍的にみて何が「道徳的」であるか、何がそうでないかという点である。

第二節　国際法の倫理的基礎

一　法の制定

法は任意に選ばれたものであってはならないとするとともに、他方で、道徳的な正当性を求めるすべての主張をそのまますぐに法として貫徹すべきであるとするならば、一定の行動をとるようにという、法に先行して存在する期待が法というかたちを取った規範へと変換されるまさにその区切りは一体どこなのかという問題に対して、格別の注意が払われなければならないであろう。[58] ここで考えられるのは、国際司法裁判所規程第三八条第一項が言及しているような、国際法上の法制定プロセスである。

道徳的内容と憲法に類似した内容をともに国際法の中に含めようとする傾向の起源は、主として、国際組織の設立文書や条約による法典化作業に求めることができる。国際条約作成交渉の過程において、相異なった法体系や文化や宗教的見解の間で共通性を見出さなければならないことがあるという点については、格別、説明を要しないであろう。その場合、善いこと、たとえば、平和、国家の自己決定を求める権利、人間の基本的権利などが相対的なものではなく、国際法の次元ではどこでも承認されているという点は明らかである。これらは国際法の背景を成すものの一部として理解されており、諸国家の共同体では「互いに重なり合い、一致している」[59]。

道徳的な内容という点からみて国際法にはなお未決定の部分があるとする理由は、当該規範の正しさが証明されなければならないからという点だけにあるのではない。これまでの論議を理論的にみてみると、そのように考える理由は法制定プロセスにおけるさまざまな条件から生じている。[60] 国際交渉が行なわれるラウンドでは、連帯するという責任を担った組織が国境を越えて互いに協力する場が用意されている。[61] どんな交渉でも、倫理的な意味を前提とした実際の討議が行なわれているというわけではない。というのは、そうした交渉の大部分では参加者間での合意にのみ目が向けられており、限界はあるものの、相互の利益を最大にすることが目的とされているからである。ドイツの社会経済学者マックス・ヴェーバー（一八六四年～一九二〇年）が定義した意味における国際関係形成の是非を、「責任を負う」という意味での倫理に基づいて判断する場合[62]において、双方の当事者がそれぞれ戦略的に行動するときは、どちらの戦略的な交渉活動も、つまり普遍化することのできないどちらの交渉活動もともに合法となろう。というのは、交渉に当たる代理人は、他者、つまり自国民に対する責任を負っているはずだからである。

それでも、交渉により纏め上げられた規範がすべての関係者（潜在的な者も含む）にとって同意できるときは、そうした規範は倫理的な内容を持つことになる。[63] 倫理的な意味で普遍的だといえる規範が成立するための条件は、憲法規範化された国際法においても、絶えず改善されてきた。制度上拘束力を有する度合いが強ければ強いほど、また利害関係を有する一般大衆に対して正当な規範に従うようにという強制が大きければ大きいほど、参加者は道徳的な行動という名のもとにしたい放題のことをすることができよう。このことからも確認できるように、そこでは自由主義的理論が採用されており、その結果、国際関係の秩序に関心を抱く者はさまざまな機関の存在価値をますます高めるように行動しなければならないということになろう。[64]

もちろん、国際法上の規範の成立は、世界的規模でどのような政策を採用するかという次元でのみ行なわれているわけではなく、国内的次元、地域的次元、そしてグローバルな次元で同時にそれぞれ行なわれている政策形成プロセスの結果である。第二次世界大戦以降、それぞれの時代において、国家の存在理由と外交政策の優先度を考慮して作り出されてきた、「対内的」事項と「対外的」事項との分離という考えは、今ではすっかり後退してしまっている。経済も社会も国際化し、またヨーロッパ化したことによって、かつては外交政策に分類されていたような政策判断の件数はますます増えてきている。少なくとも民主主義体制のもとでは、これらの政策判断についても合法性を担保するようにという圧力が強まっている。その結果、国内でのプロセスと国際的なプロセスとが重なり合うケースがますます増えてきている。[65]

国際法規範を国内でも法として認めることは最広義では法的な性質を有する行為であるが、しかし、抽象的にみると圧倒的に政治的な性質を有する行為である。というのは、そのための最終的な判断行為を民主主義的なプロセスに逆に結び付けることは、国内立法の際に行なわれているほどには、行なわれていないからである。国際法規範の正当化の根拠を最終的に個人個人の同意のうちに見出そうとすれば、あたかも「世界的規模での市民社会」とでもいうような架空の社会を想定した上で、追加的な正当化の根拠がそうした社会に見出されるといった説明が必要となろう。世界的規模での市民社会は、世界的規模での一般大衆と、特に非政府組織のような超国家的に活動する非国家的行為主体とによって構成されることであろう。[66] こうした市民社会は、独自に形成された正当化のための手続に則って「人類の共同体」[67]や「世界的規模での共和国」[68]を作り出しているのではなく、市民による政治的参加の範囲を世界的規模で拡大することができているにすぎない。けれども、国際的な法の制定を正当と認めるための水準は、この種の委員会、集団、ネットワークなどが国際的な法の制定手続に参加するようになったことによって、以前よりもずっと高まっている。というのは、これらの機関により正当性を付与するためにさまざまな基準が形成され、そして、国際組織の意思決定に際して従来は長い間どちらかといえばインフォーマルであった地位が引き上げられることによって、法的な正当化の水準も高まっているからである。[69]

これに対して、非政府組織は、国際的な判断を行なう上で必要とされる民主主義的諸要素の向上をまだ達成することができていない。その価値を一層高めるためには、さまざまな国際的機関における決議に各国の議会が参加する機会を増やすことが必要であるし、議会内部にそうした機関を設ける場合には、最も重要な組織のもとにそうした機関を設けることによって、この目標を達成することができよう。[70] 世界貿易機関に対して、一国の議会のような会議形式を採用すべきであるとヨーロッパ議会が要求している[71]のは、こうした考えによるものである。

二　法の適用における指導原理としての国際法秩序の一体性

法の適用というレヴェルでも、法の制定レヴェルにおけるのと同様に、正当化の問題が表れている。種々の紛争を強制的にかつ法的形式を採りつつ収拾することは、ヨーロッパ理事会や世界貿易機関のようなごく少数の組織に限定されている。その他の組織では、紛争の収拾を取り扱うことは、仲裁というモデルに対応した判断機関が取り扱う問題であるとされている。その結果、オランダ王国のデン・ハーグにある国際司法裁判所の役割も狭く限定されてしまっている。

法の適用に際して、法に先行して存在する諸基準が一体どの程度重要性を持ち得るのか、持つべきなのか、また持ってもよいのかといった点は、まずもって法理論的な問題である。これらの点について主張されている見解は、国際法理論においても両者の分離を厳格に要請するものから、潜在的な理解が法の解釈に影響を及ぼすことは避けがたいという見方を挟んで、アメリカの法学者ドゥオーキンの考えのように新しい自然法的な手がかりを主張するものまで、多岐にわたっている。最後の自然法的な手がかりを主張する見解によれば、「政策（policies）」や「原理（principles）」が法の適用に影響を及ぼすことになる。ここでは、これらの見解について詳しく述べることはできない[72]。右に述べたこととの関連でいえば、もうひとつ別の問題が優先されるべきであろう。

国際法を生み出すに当たって倫理的および宗教的な確信が影響力を持っているという右のテーゼが正しいとすれば、紛争を解決する際に、倫理的および宗教的な確信から手引きとしてどのような視点を引き出すことができるかを問う必要がある。世界的規模での貿易取引法を素材とすると、次のような例を挙げることができよう。すなわち、網を使って漁をすると、魚以外の、絶滅の危機に瀕した保護動物の命をも奪う可能性があることを理由として、網を使って捕獲された魚の輸入を禁止することを許すべきであろうか。また、このように考える背景には、貿易取引において禁止されているはずの保護主義が隠されているのだろうか[73]。人々の健康を保持し消費者を保護するために、ホルモン注射を受けた牛肉や遺伝子工学による操作が行なわれたトマトの輸入を禁止してもよいのだろうか。そして、児童に作らせた繊維製品や強制労働により作らせた繊維製品を自国市場から隔離しておくことも許されるのだろうか。これらがそうである。

世界貿易機関に設けられた紛争解決機関はこの種の紛争を国際法規範相互の間での抵触問題であると捉えて処理を行なっている。関税と貿易に関する一般協定を解釈したり、その他の世界貿易機関諸条約を解釈したりするときは、紛争当事者が負っているその他の国際法上の義務も考慮されなければならない（ヴィーン条約法条約第三一条第三項c号）。国際条約やその他の基準と調和している国家措置はそれ以上論じるまでもなく適法である。このような基準が存在しないときは、それぞれの主題に応じて、貿易取引を禁止された製品に危険性があることを証明したり関係する諸規範を遵守したりすることが関係諸国に義務付けられている。

こうした理由付けを行なおうとする試みの背後には、国内法秩序についてよく知られている点であるが、法秩序は一体性を有するものであるという伝統的な見方がある。こうした見方は、憲法と下位秩序とは一体であり、立法者はみずからが下す判断と他の判断との間に明らかに矛盾がないように行動すべきだという考えに基づいている。こうした擬制は、国際法においても、もっともだと思われるものである。その根底にある統一的な世界像は、もちろん、国家法体系においては当然自明のこととされるような、国際法上の確信に基づくものではなく、国際法それ自体における倫理に基づいて成立しているものでしかない。

(57)　*Kadelbach*（前注(45)), 133 ff.

(58) 参照されるのはまた、*J. Delbrück* (Hrsg.), New Trends in International Lawmaking – International Legislation in the Public Interest, 1997 所収の諸論文である。

(59) 参照されるのは、*J. Rawls*, Political Liberalism, 1993,（ドイツ語版として、Politischer Liberalismus, 1998）, 4. Vorlesung である。

(60) その契機を提供しているのが、*Kadelbach* (Fn. 43), 163 ff. の場合である。

(61) 参照されるのは、*K.- O. Apel*, Diskursethik als Verantwortungsethik – eine postmetaphysische Transformation der Ethik Kants, in: *G. Schönrich/Y. Kato* (Hrsg.), Kant in der Diskussion der Moderne, 1996, 326 ff. である。

(62) *M. Weber*, Politik als Beruf, in: Gesammelte politische Schriften, 2. Aufl. 1985; *H. Jonas*, Das Prinzip Verantwortung, 1979, 172 ff.

(63) *J. Habermas*, Moralbewußtsein und kommunikatives Handeln, 3. Aufl. 1988, 75 f., 103.

(64) 論法上の「べき論」（diskursethischen Sollensprinzip）は「フラストレーションに抵抗する内容の社会参加を道徳的な進歩のために義務付ける」ものであるが、この「べき論」については、*Apel*（前注(61)）, 358 f.

(65) *Held*（前注(32)）, 99 ff.; *ders.*, Democracy, the Nation-State and the Global System, in: *ders.* (Hrsg.), Political Theory Today, 1991, 197, 201 ff.; *J. Habermas*（前注(18)）, 165.

(66) *J. Habermas*, Die Einbeziehung des Anderen, 1996, 128, 135 ff.; *ders.*（前注(18)）, 109 ff., 163 ff.

(67) *P. Allott*, Eunomia, 1990.

(68) *O. Höffe*, Demokratie im Zeitalter der Globalisierung, 1999, 296 ff.

(69) *W. Hummer*, Internationale nichtstaatliche Organisationen im Zeitalter der Globalisierung – Abgrenzung, Handlungsbefugnisse, Rechtsnatur, BDGVR 39 (1999), 2000, 45, 95 ff.

(70) *S. Kadelbach*, Die parlamentarische Kontrolle des Regierungshandelns bei der Beschlußfassung in internationalen Organisationen, in: *Th. Geiger* (Hrsg.), Neuere Probleme der parlamentarischen Legitimation im Bereich der auswärtigen Gewalt, 2003, 41, 55 ff.

(71) 世界貿易機関についてのヨーロッパ議会決議Ａ四—三二〇／九六号（Entschließung des Europäischen Parlaments A4-320/96 zur Welthandelsorganisation）第一三項, ABl. 1996 C 362/152；大西洋地域での貿易経済関係についての同決議Ａ四—四〇三／九七号(Entschließung A4-403/97 zu transatlantischen Handels- und Wirtschaftsbeziehungen)第三六項および第五

七項、ABl. 1998 C 34/139；参照されるのはこのほか、*M. Hilf/F. Schorkopf*, Das Europäische Parlament in den Außenbeziehungen der Europäischen Union, EuR 1999, 185 ff. である。

(72) これについては、*U. Fastenrath*, Lücken im Völkerrecht, 1991, 32 ff.

(73) これらの抵触については *J. Neumann*, Die Koordination des WTO-Rechts mit anderen völkerrechtlichen Ordnungen, 2001, 164 ff.

第五章　終局的考察

グローバル化は争いの余地がないほど自明のことでもないし、自然法則でもない。現在ではグローバル化とはまったく逆の方向に向かう動きがみられている。断片化、すなわち地域化・再国有化という動きがそうである。国際関係を規律する規範的秩序がどのような可能性を持ち、どのような限界に突き当たっているかに関する論争に対して、グローバル化は、決して決定的な影響を及ぼしてはいない。グローバル化という事象は、旧来の論議の中に、新しいラウンドに向けた論議の場を提供しているにすぎない。経済的なグローバル化の根底に政治的なグローバル化があることを考えると、グローバル・ガヴァナンスという構成には、国家秩序が失ったものを埋め合わせることができるかもしれないという意味でチャンスが存在しているともいえよう。このチャンスが利用されるならば、各国の国内憲法に対して直接に影響が及ぶことであろう。

国際法は倫理的内容を有する規範を一部で受け入れてきた。というのは、国際法が最小限度の倫理的秩序を形成するための基盤を提供してきたからである。さらに、国際法は、憲法上の諸原理に依拠した構成を採用してきている。

その背後には、種々の国際的機関の活動を強化する過程でみられた点であるが、グローバル化と断片化のいずれがよいかという問いに対してそのつど提供されてきたもっともらしい答えの積み重ねがある。しかし、国際的な次元で考えることができる倫理は、ごく基本的な（「わずかな部分でしか合意が得られない」）倫理だけでしかない。国際法的な倫理は、それぞれの社会が有する法的文化の基礎を成す「豊富な内容を備えた」倫理に取って代わることはできないし、またそうすべきでもない。

このように基本的なものに限定された倫理を整理し統合するための諸条件は、グローバル化と断片化という動きがあるにせよ、これまでの間に少しずつ改善されてきている。国際法の分野での法制定活動と国際法を国内で正当化する活動と、これらの間で行なわれている協力作業は、この五〇年間に、道徳的な行動をとるようにという期待が法的な義務を定める規範へと転換することを可能とするようなさまざまな条件のもとで、ますます多く行なわれるようになってきている。国家単位での政策判断を止めるという意味での脱国家化が進んだ結果、国際的な規模での政策判断の正当性が疑われてきているが、この点は、法的な種類のものであれ、市民レヴェルで行なわれるものであれ、国家間での正当化手続を新たに創設することによって十分に補完することができよう。

索　　引

ア行

カ行

サ行

タ行

ナ行

ハ行

マ行

ヤ行

ラ行

シュテファン・カーデルバッハ教授著作目録

(2004年11月末日現在)

I. 単　　著

1. Zwingendes Völkerrecht, Berlin (Duncker & Humblot, Schriften zum Völkerrecht Bd. 101), 1992.
2. Allgemeines Verwaltungsrecht unter europäischem Einfluß, Tübingen (J. C. B. Mohr) 1999.

II. 編　　著

1. Bürger, Recht, Staat. Frankfurt am Main (Fischer Taschenbuch Verlag) 1992, 2. Aufl. 1997 (mit *Sven Hartung*).
2. Solidarität und Europäische Integration. Kolloquium zum 65. Geburtstag von Manfred Zuleeg, Baden-Baden (Nomos) 2002 (mit *Armin von Bogdandy*).
3. Europa und seine Verfassung. Festschrift für Manfred Zuleeg zum 70. Geburtstag, Baden-Baden (Nomos) 2005 (i. E.) (mit Gil Carlos Rodríguez Iglesias und Charlotte Gaitanides).

III. 学術論文等

1. Zum völkerrechtlichen Status Ost-Berlins, Recht in Ost und West 1986, 221-230.
2. Der praktische Fall - öffentliches Recht : Die verweigerte Einbürgerung, JuS 1989, 922-926 (mit *Manfred Zuleeg*).
3. Auswärtige Beziehungen, in : Sven Hartung/Stefan Kadelbach (Hg.) : Bürger, Recht, Staat (o. II.1), 1992, S. 301-317 ; 2. Aufl. 1997, S. 303-320.
4. Zur strafrechtlichen Verfolgung von DDR-Außenspionage. Völker- und verfassungsrechtliche Fragen, NJ 1992, 137-147 (mit *Peter-Alexis Albrecht*).
5. Zwingende Normen des humanitären Völkerrechts, Humanitäres Völkerrecht - Informations-schriften 1992, 118-124.
6. Anm. zu OLG Düsseldorf, Beschl. v. 15. 11. 1991 - IV 14/89 (Strafprozessuales Verwertungsverbot für Angaben eines Bewerbers im Asylverfahren), StV 1992, 506-509.
7. Der Einfluß des EG-Rechts auf das nationale Allgemeine Verwaltungsrecht, in : v. Danwitz, Thomas/Heintzen, Markus/Jestaedt, Matthias/Korioth, Stephan/Reinhardt, Michael (Hg.), Auf dem Wege zu einer Europäischen Staatlichkeit, Stuttgart München Hannover Berlin Weimar 1993, 131-147.

8. Staatshaftung ür Embargoschäden, JZ 1993, 1134-1142.
9. Nuclear Testing and Human Rights, Netherlands Quaterly of Human Rights Vol. 14 (1996), 389-400.
10. Umsetzung von EG-Richtlinien durch rückwirkendes Gesetz? Zum neuen § 137 III UrhG, EWS 1996, 11-14 (mit *Christoph Sobotta*).
11. Verwaltungsrechtliche Sanktionen, in : Walter van Gerven/Manfred Zuleeg (Hg.) : Sanktionen gegen die Verletzung von Gemeinschaftsrecht, Schriftenreihe der Europäischen Rechtsakademie Trier Bd. 12, Köln 1996, S. 81-90.
12. Verfahren und Sanktionen im Wirtschaftsverwaltungsrecht, DVBl. 1996, 1100-1114 (mit *Ingolf Pernice*).
13. Public Finance in Europe, The Columbia Journal of European Law, Vol. 2 (1996), 557-564.
14. Verfassungsrechtliche Grenzen für Deregulierungen des Ordnungsverwaltungsrechts, KritV 80 (1997), 263-279.
15. Kollektivhaftung im Völkerrecht, RJ 19 (1997), S. 673-680.
16. Wandel und Kontinuitäten des Völkerrechts und seiner Theorie, ARSP Beih. Nr. 71 (1997), 178-193.
17. Kommunaler Kulturbetrieb, Freiheit der Kunst und Privatrechtsform, NJW 1997, 1114-1119.
18. Einheit der Rechtsordnung als Verfassungsprinzip der Europäischen Union?, in : *A. v. Bogdandy / C.-D. Ehlermann* (Hg.), Konsolidierung und Kohärenz des Primärrechts der Europäischen Union nach Amsterdam, EP Dok. JURI 102 DE, S. 45-58 = EuR Beih. 2/1998, 51-66.
19. Zentralstaatlichkeit, Bundesstaatlichkeit, föderale Strukturen, in : *Fulco Lanchester / Ilse Staff* (Hg.), Lo stato di diritto democratico dopo il fascismo ed il nazionalsozialismo - Demokratische Rechtsstaatlichkeit nach Ende von Faschismus und Nationalsozialismus, Milano, Baden-Baden 1999, S. 47-61.
20. Staatsbürgerschaft - Unionsbürgerschaft - Weltbürgerschaft, in : *J. Drexl / K.F. Kreuzer / D.H. Scheuing / U. Sieber* (Hg.), Europäische Demokratie, Ius Europaeum Bd. 6, Baden-Baden 1999, S. 89-108.
21. Die völkerrechtliche Zulässigkeit des Verbotes der Wiederaufarbeitung im Ausland, ZUR 1999, 257-261.
22. Gemeinschaftsrecht und (vorläufiger) verwaltungsgerichtlicher Rechtsschutz, KritV 82 (1999), 378-401.
23. The Transformation of Treaties into Domestic Law, German Yearbook of International Law 42 (1999), 66-83.
24. Die Wirkungen von Vorabentscheidungen des Europäischen Gerichts-

hofs, in : *M. Holoubek / M. Lang* (Hg.), Das EuGH-Verfahren in Steuersachen, Wien 2000, S. 119-132.

25. Internationale Verflechtung, in : *B. Pieroth* (Hg.), Verfassungsrecht und soziale Wirklichkeit in Wechselwirkung, Berlin 2000, S. 161-182.
26. Der Einfluß des Gemeinschaftsrechts auf das deutsche Planungsrecht, in : *W. Erbguth u.a.* (Hg.), Planung - FS Werner Hoppe, München 2000, S. 897-912.
27. Diritto comunitario e giustizia cautelare amministrativa, Rivista trimestrale di diritto pubblico 2000, S. 343-373.
28. Anm. zu BVerwG, Urt. v. 16. 12. 1999 (Öffentliche mündliche Verhandlung im Normenkontrollverfahren), JZ 2000, S. 1053-1056.
29. Annotation to recent jurisprudence on access to information, CML Rev. 38 (2001), 179-194
30. Verwaltungskontrollen im Europäischen Mehrebenensystem, in : *E. Schmidt-Aßmann / W. Hoffmann-Riem* (Hg.), Verwaltungskontrollen, Baden-Baden 2001, 205-246.
31. Anm. zu BVerfG, Beschl. v. 12. 12. 2000 (Ausübung deutscher Strafgewalt bei Völkermord), JZ 2001, S. 981-983.
32. Vertragsgewalt und Demokratieprinzip, AöR 126 (2001), 563-587 (mit *Ute Guntermann*).
33. Die rechtsstaatliche Einbindung der europäischen Wirtschaftsverwaltung, EuR Beih. 2/2002, 7-28.
34. Menschenrechte als übergesetzliches Recht?, Jura 2002, 232-237.
35. European Administrative Law and the Law of a Europeanized Administration, in : *Ch. Joerges / R. Dehousse* (Hg.), Good Governance in Europe's Integrated Market, Collected Courses of the Academy of European Law, European University Institute, Oxford 2002, S. 167-206.
36. Die gemeinschaftsrechtliche Haftung für Verletzungen von Grund-freiheiten aus Anlaß privaten Handelns, EuGRZ 2002, 213-220 (mit *Nils Petersen*).
37. Die parlamentarische Kontrolle des Regierungshandelns bei der Beschlussfassung in internationalen Organisationen, in : R. Geiger (Hg.), Neuere Probleme der parlamentarischen Legitimation im Bereich der auswärtigen Gewalt, Baden-Baden 2003, S. 41-57.
38. Folgen von Rechtsverletzungen gewohnheitsrechtlicher Menschenrechtsverpflichtungen, in : E. Klein (Hg.), Menschenrechtsschutz durch Gewohnheitsrecht, Berlin 2003, S. 198-222.
39. Klausur im öffentlichen Recht : Das subventionierte Tagungshotel, NWVBl. 2003, 359-363 (mit *Georg Schlüter*).

40. The accession of Cyprus to the European Union, Rechtstheorie 34 (2003), 75-84.
41. Staatenverantwortlichkeit für Angriffskriege und Verbrechen gegen die Menschlichkeit, Berichte der Deutschen Gesellschaft für Völkerrecht 40 (2003), 63-105.
42. Europäische Grundrechte als Schranken der Grundfreiheiten, EuGRZ 2003, 693-698 (mit *Niels Petersen*)
43. Ethik des Völkerrechts unter Bedingungen der Globalisierung, ZaöRV 64 (2004), 1-20.
44. La scienza del diritto pubblico e l'integrazione europea nella seconda metà del XX secolo, intervento, in : Giuseppe Sanviti (Hg.), Atti del XII Colloquio italo-tedesco di Diritto pubblico, earma 2004, S. 125-127.
45. Die Europäische Verfassung und ihr Stil, in : FS Georg Ress, Köln Berlin Bonn München 2005, S. 527-540.
46. Vorrang und Verfassung : Das Recht der Europäischen Union im innerstaatlichen Bereich, in : FS Manfred Zuleeg, Baden-Baden 2005, i. E.
47. Das europäische Gerichtssystem nach dem Vertrag von Nizza, in : Thilo Marauhn (Hg.), Europäische Fachgerichtsbarkeit, Tübingen 2005, i. E.
48. Die Gemeinsame Europäische Außenpolitik nach dem Verfassungs-vertrag, in : Rainer Hofmann/Andreas Zimmermann (Hg.), Die Europäische Verfassung, Berlin 2005, i. E.
49. Der praktische Fall − öffentliches Recht : Die militärische Entwaffnung des Staates X, Jura 2005, i. E. (mit *Christian Hilmes*).
50. *Jus Cogens,* Obligations *Erga Omnes* and other Norms - the identification of fundamental rules, in : Christian Tomuschat/Alain Pellet (Hg.), Fundamental Rules of Public International Law, joint session of the German and French Societies of International Law, 2005, i. E.
51. Der Status der Europäischen Menschenrechtskonvention im deutschen Recht, Jura 2005, i. E.

IV. 辞典類分担執筆項目

1. Stichworte "EAG", "EGKS", "EG" und "EU (Europäische Union)", jeweils in : *Ignaz Seidl-Hohenveldern* (Hg.), Ergänzbares Lexikon des Rechts - Gruppe 4, Völkerrecht, Nrn. 4/195, 4/197, 4/200 und 4/245, Darmstadt - Neuwied 1995 ; 2. Aufl. 1998 ; 3. Aufl. 2005.
2. Addenda "Ultimatum", "Vienna Convention on Consular Relations", "War, Laws of, Enforcement" und "Warships", jeweils in : *Rudolf Bernhardt* (Hg.), Encyclopedia of Public International Law, Vol. IV, Amsterdam u.a. 2000, S. 1007/1008, 1293-1294, 1384/1385, 1419.

3. Fundamental Rights in the European Union, in : *Albrecht Weber* (Hg.), Fundamental Rights in Europe and North America, Den Haag 2001, Ch. 5-9.
4. Unionsbürgerrechte, in : *Dirk Ehlers* (Hg.), Grundrechte und Grundfreiheiten in Europa, Berlin New York 2002, S. 467-500.
5. Unionsbürgerschaft, in : *Armin v. Bogdandy* (Hg.), Europäisches Verfassungsrecht, Heidelberg u. a. 2003, S. 539-582.
6. Union Citizenship, in : *Armin v. Bogdandy* (Hg.), European Constitution, Oxford (Hart) 2004, i. E., vorerst als Jean Monnet Working Paper No. 9/03, www.jeanmonnetprogram.org/papers/03/030901-04.html.
7. Art. 7 (nulla poena sine lege) und Art. 4 ZP 7 (ne bis in idem) EMRK, in : *R. Grote / T. Marauhn* (Hg.), Konkordanzkommentar zu den Grundrechten der EMRK und des GG, Tübingen (Mohr) 2005, i. E.
8. Stichworte „Strukturpolitik“, „Vertragsrecht, internationales“ und „Völkerbund“, in : *J. Haustein* u.a. (Hrsg.), Evangelisches Staatslexikon, 4. Aufl. 2005, i. E.

編訳者紹介

山 内 惟 介

1946年　　香川県に生まれる

1971年3月　中央大学法学部法律学科卒業

1973年3月　中央大学大学院法学研究科民事法専攻修士課程修了

1984年4月　中央大学法学部教授（現職）

主要業績

『海事国際私法の研究』（中央大学出版部，1988年）

『国際公序法の研究』（中央大学出版部，2001年）

『国際私法・国際経済法論集』（中央大学出版部，2001年）

『国際会社法研究　第一巻』（中央大学出版部，2003年）

グロスフェルト著（山内訳）『多国籍企業の法律問題』（中央大学出版部，1982年）

グロスフェルト著（山内訳）『国際企業法』（中央大学出版部，1989年）

グロスフェルト著（山内・浅利訳）『比較法文化論』（中央大学出版部，2004年）

カーデルバッハ教授講演集

国際法・ヨーロッパ公法の現状と課題

日本比較法研究所翻訳叢書（52）

2005年7月10日　初版第1刷発行

編訳者　山　内　惟　介

発行者　辰　川　弘　敬

発行所　中 央 大 学 出 版 部

〒192-0393

東京都八王子市東中野742-1

電話0426(74)2351・FAX0426(74)2354

ISBN　4-8057-0353-9　　大森印刷

日本比較法研究所翻訳叢書

0	杉山直治郎訳	仏蘭西法諺	B6判（品切）
1	F・H・ローソン 小堀憲助他訳	イギリス法の合理性	A5判 一二六〇円
2	B・N・カドーゾ 守屋善輝訳	法の成長	B6判（品切）
3	B・N・カドーゾ 守屋善輝訳	司法過程の性質	B6判（品切）
4	B・N・カドーゾ 守屋善輝訳	法律学上の矛盾対立	B6判 七三五円
5	ヴィノグラドフ 矢田一男他訳	中世ヨーロッパにおけるローマ法	A5判 一一五五円
6	R・E・メガリ 金子文六他訳	イギリスの弁護士・裁判官	A5判 一二六〇円
7	K・ラーレンツ 神田博司他訳	行為基礎と契約の履行	A5判（品切）
8	F・H・ローソン 小堀憲助他訳	英米法とヨーロッパ大陸法	A5判（品切）
9	I・ジュニングス 柳沢義男他訳	イギリス地方行政法原理	A5判（品切）
10	守屋善輝編	英米法諺	B6判 三一五〇円
11	G・ボーリー他 新井政男他訳	〔新版〕消費者保護	A5判 二九四〇円
12	A・Z・ヤマニー 真田芳憲訳	イスラーム法と現代の諸問題	B6判 九四五円
13	ワインスタイン 小島武司編訳	裁判所規則制定過程の改革	A5判 一五七五円
14	カペレッティ編 小島武司編訳	裁判・紛争処理の比較研究（上）	A5判 二三一〇円
15	カペレッティ 小島武司他訳	手続保障の比較法的研究	A5判 一六八〇円
16	J・M・ホールデン 高窪利一監訳	英国流通証券法史論	A5判 四七二五円
17	ゴールドシュティン 渥美東洋監訳	控えめな裁判所	A5判 一二六〇円

日本比較法研究所翻訳叢書

18	カペレッティ編 小島武司編訳	裁判・紛争処理の比較研究(下)	A5判 二七三〇円
19	ドゥローブニク他編 真田芳憲他訳	法社会学と比較法	A5判 三一五〇円
20	カペレッティ編 小島・谷口編訳	正義へのアクセスと福祉国家	A5判 四七二五円
21	P・アーレンス編 小島武司編訳	西独民事訴訟法の現在	A5判 三〇四五円
22	D・ヘーンリッヒ編 桑田三郎編訳	西ドイツ比較法学の諸問題	A5判 五〇四〇円
23	P・ギレス編 小島武司編訳	西独訴訟制度の課題	A5判 四四一〇円
24	M・アサド 真田芳憲訳	イスラームの国家と統治の原則	A5判 二〇四〇円
25	A・M・プラット 藤本・河合訳	児童救済運動	A5判 二五四九円
26	M・ローゼンバーグ 小島・大村編訳	民事司法の展望	A5判 二三四五円
27	B・グロスフェルト 山内惟介訳	国際企業法の諸相	A5判 四二〇〇円
28	H・U・エーリヒゼン 中西又三編訳	西ドイツにおける自治団体	A5判 一六八〇円
29	P・シュロッサー 小島武司編訳	国際民事訴訟の法理	A5判 一一五五円
30	P・シュロッサー他 小島武司編訳	各国仲裁の法とプラクティス	A5判 一五七五円
31	P・シュロッサー 小島武司編訳	国際仲裁の法理	A5判 一四七〇円
32	張晋藩 真田芳憲監修	中国法制史(上)	A5判 (品切)
33	W・M・フライエンフェルス 田村五郎編訳	ドイツ現代家族法	A5判 三三六〇円
34	K・F・クロイツァー 山内惟介監修	国際私法・比較法論集	A5判 三六七五円
35	張晋藩 真田芳憲監訳	中国法制史(下)	A5判 四〇九五円

日本比較法研究所翻訳叢書

36	J・レジエ他	山野目章夫他訳	フランス私法講演集	A5判 一五七五円
37	G・C・ハザード他	小島武司 編訳	民事司法の国際動向	A5判 一八九〇円
38	オトー・ザンドロック	丸山秀平 編訳	国際契約法の諸問題	A5判 一四七〇円
39	E・シャーマン	大村雅彦 編訳	ADRと民事訴訟	A5判 一三六五円
40	ルイ・ファボルー他	植野妙実子 編訳	フランス公法講演集	A5判 三一五〇円
41	S・ウォーカー	藤本哲也 編訳	民衆司法——アメリカ刑事司法の歴史	A5判 四二〇〇円
42	ウルリッヒ・フーバー他	吉田豊・勢子 編訳	ドイツ不法行為法論文集	A5判 七六六五円
43	スティーヴン・L・ペパー	住吉博 編訳	道徳を超えたところにある法律家の役割	A5判 四二〇〇円
44	W・マイケル・リースマン他	宮野洋一他訳	国家の非公然活動と国際法	A5判 三七八〇円
45	ハインツ・D・アスマン	丸山秀平 編訳	ドイツ資本市場法の諸問題	A5判 一九九五円
46	デイヴィド・ルーバン	住吉博 編訳	法律家倫理と良き判断力	A5判 六三〇〇円
47	D・H・ショイイング	石川敏行 監訳	ヨーロッパ法への道	A5判 三一五〇円
48	ヴェルナー・F・エプケ	山内惟介 編訳	エプケ教授講演集 経済統合・国際企業法・法の調整	A5判 二八三五円
49	トビアス・ヘルムス	野沢・遠藤 訳	生物学的出自と親子法	A5判 三八八五円
50	ハインリッヒ・デルナー	野沢・山内 編訳	ドイツ民法・国際私法論集	A5判 二四一五円
51	フリッツ・シュルツ	眞田芳憲・森光 訳	ローマ法の原理	A5判 四三〇五円

＊価格は消費税５％を含みます。